搞笑诺贝尔

科学篇 物理

好奇心工作室 / 著

中国出版集团有限公司
China Publishing Group Co., Ltd.
现代出版社

你喜欢科学吗？

提起科学，肯定有很多人喜欢，但也有一些小朋友想到科学就头疼。毕竟，科学看起来那么复杂，有那么多公式，还有一大堆需要背诵、记忆的东西！但是在这本书里，大家完全不需要有这种担心。请放松心情，跟随“我”和帕托老师，一起走进看似荒诞、实则严谨的趣味科学世界吧！

本书从历届搞笑诺贝尔奖的获奖研究中，选出了10个物理领域的研究。这些“乍看之下令人发笑，细思之后发人深省”的研究，会让大家笑着笑着就对物理产生兴趣，读着读着兴许还会萌生成为物理学家的念头呢！

你知道搞笑诺贝尔奖吗？

搞笑诺贝尔奖设立于 1991 年，由科学幽默杂志《不可思议研究年鉴》创办，奖项涉及物理、化学、医学、数学、生物、和平等多个领域，旨在提高人们对科学的关注度，激发人们对科学的兴趣。

获得搞笑诺贝尔奖的研究常常出人意料，有的甚至令人无语。但也正是这些不可思议的科学研究，会让人们发出“原来科学这么有趣啊！”或者“原来科学就藏在我们的生活中啊！”这样的感叹。在搞笑诺贝尔奖的颁奖典礼海报上，罗丹的作品《思想者》从坐着思考变成了躺在地上思考，其目的就在于强调“转变思维”的重要性。

那么，现在就让我们用这本书打破思维定式，开启怪诞离奇的科学视角吧！

目录

搞笑二人组

帕托老师

一位行为举止匪夷所思，
常常异想天开，
但对待科学始终
保持严谨态度的
奇葩老师。

我

一名四年级小学生。
爱管闲事，
性格坦率，好奇心强，
行动力无敌！

1

狗排便的方向是？

“咦？他到底在干什么？”我望着窗外的帕托老师喃喃自语。

在好奇心的驱使下，我迅速跑了出去。

周末的清晨，大多数人还沉浸在梦乡的时候，帕托老师却蹲在路边一动不动，这太奇怪了！

我悄悄地走近一看——天啊！

帕托老师竟然在看狗拉屎，而且手里还拿着一个指南针！

我诧异极了，在他身后忍不住小声地问了一句：

帕托老师尖叫着跳了起来，把正在拉屎的狗都吓跑了。

“什么？变态？我正进行科学观察呢！”

“科学观察？”

“当然啦！”

“天啊，看狗拉屎居然是科学观察？！”

“没错，有些科学家甚至观察了两年之久！”

“晕！！！”

“你别不信！德国杜伊斯堡-埃森大学和捷克生命科学大学的科学家们在长达两年的时间里，研究了 37 个品种的狗在户外自由排便时的身体方向，并获得了 2014 年的搞笑诺贝尔生物学奖。据统计，他们共观察到 70 条狗的 1893 次大便和 5582 次小便！”

“他们有什么发现吗？”

磁感知？这又是什么意思？

也许是看出了我的困惑，帕托老师接着说：“我给你详细讲讲磁感知吧。”

狗拉屎与磁感知

你也许注意过狗排便时的姿势，但是你留意过它们屁股的朝向吗？德国和捷克的科学家们经过大量的观察发现，狗在排便时，会将身体调整成与地磁场方向一致的南北向。很多动物都拥有感知磁场的神奇能力，这种能力被称作“磁感知”。

感知磁场的能力！

为什么会有地磁场呢？

地球的北极相当于磁铁的南极，地球的南极则相当于磁铁的北极。由于磁铁具有同极相斥、异极相吸的性质，指南针的北极才总是指向地球的北方。

有些动物体内自带“指南针”！

科学家们发现，鸽子的上喙长着一个“**晶胞**”，这种结晶状的组织类似于指南针，能够感知磁场。有了它，鸽子不管飞到哪里，都能轻易辨别北方。只要没有电磁干扰，鸽子就能顺利归巢。

除了鸽子，还有哪些动物自带“指南针”呢？

近些年来，越来越多的生物被发现有磁感知能力。从有迁徙行为的候鸟、鱼类、海龟，到利用磁场定向的蜜蜂、蝙蝠，甚至不需要迁徙或定向的牛和鹿，都能感知到地磁场。

至于不同生物如何感知磁场，以及用什么部位感知磁场，科学家们围绕这些问题仍在进行坚持不懈的探索。

2

悬浮吧，青蛙！

“在搞笑诺贝尔奖的获奖者中，最有名的可能要数安德烈·海姆了。”帕托老师再次讲起了有关搞笑诺贝尔奖的故事。

“安德烈·海姆是谁？为什么最有名呢？”

“他可是搞笑诺贝尔奖和诺贝尔奖的双料得主哦！”

安德烈·海姆因成功分离出石墨烯，于2010年获得了诺贝尔物理学奖。

“哇！用胶带获得了诺贝尔奖？厉害！”

“安德烈·海姆充满了奇思妙想。他每周五都会和同事们做些莫名其妙的实验。”

周五晚间实验 奇奇怪怪的科学研究

“天啊！每周都做实验！那他是凭借哪项研究获得搞笑诺贝尔奖的呢？”

“利用磁铁让青蛙悬浮在半空中！”

“磁铁？让青蛙悬浮？这究竟是怎么做到的？”

青蛙和抗磁性

我们都知道，**磁铁的同极之间相互排斥**。利用这种特性，让青蛙悬浮起来最简单的方法就是把磁铁贴在青蛙身上。但这种方法太显而易见了，不值得被授予搞笑诺贝尔奖，对吧？

那么，安德烈·海姆是如何让青蛙悬浮的呢？

前面不是提到，狗会顺着地磁场的方向排便，鸽子的喙部自带“指南针”吗？科学家们还发现，包括青蛙在内的许多生物体内都存在着微小的磁体。

可以利用磁铁让青蛙悬浮在空中！

青蛙体内的水分子、蛋白质和其他有机分子都是微小的磁体，其磁性主要来源于构成它们的原子。更确切地说，是源自绕原子核运动的电子。

水分子相当于一个个小磁铁。

宇宙中的一切物质都具有磁性，只是强弱不同。物质内部的电子在受到外界磁场作用时，会产生一种微弱的斥力，这种现象被称为“**抗磁性**”。

那么，只要把青蛙放在磁铁上，抗磁性就能让它浮在半空中吗？

事情没那么简单。

由于青蛙自身的磁性很弱，要想让它悬浮，需要的磁场强度至少得是地磁场的 32 万倍才行，而普通磁铁根本达不到这种强度。

因此，安德烈·海姆使用了超强磁铁。

除了青蛙，其他动物也可以悬浮起来吗？

当然可以！2009 年，美国国家航空航天局利用超强磁场，顺利使比青蛙更重的幼鼠悬浮了起来。幼鼠最初有些焦躁不安，但它很快就适应了。

3

面包掉落时为什么总是果酱面着地？

咕噜咕噜——还没到午饭时间，我的肚子就已经饿得咕咕叫了。听到这个“温馨提示”，体贴的帕托老师给我拿来了面包和果酱。

“开动脑筋之前，可以适当补充碳水化合物哦！”

我用吐司机把面包烤脆，给面包涂上了满满的果酱，然而就在我将它递给帕托老师的时候，发生了……

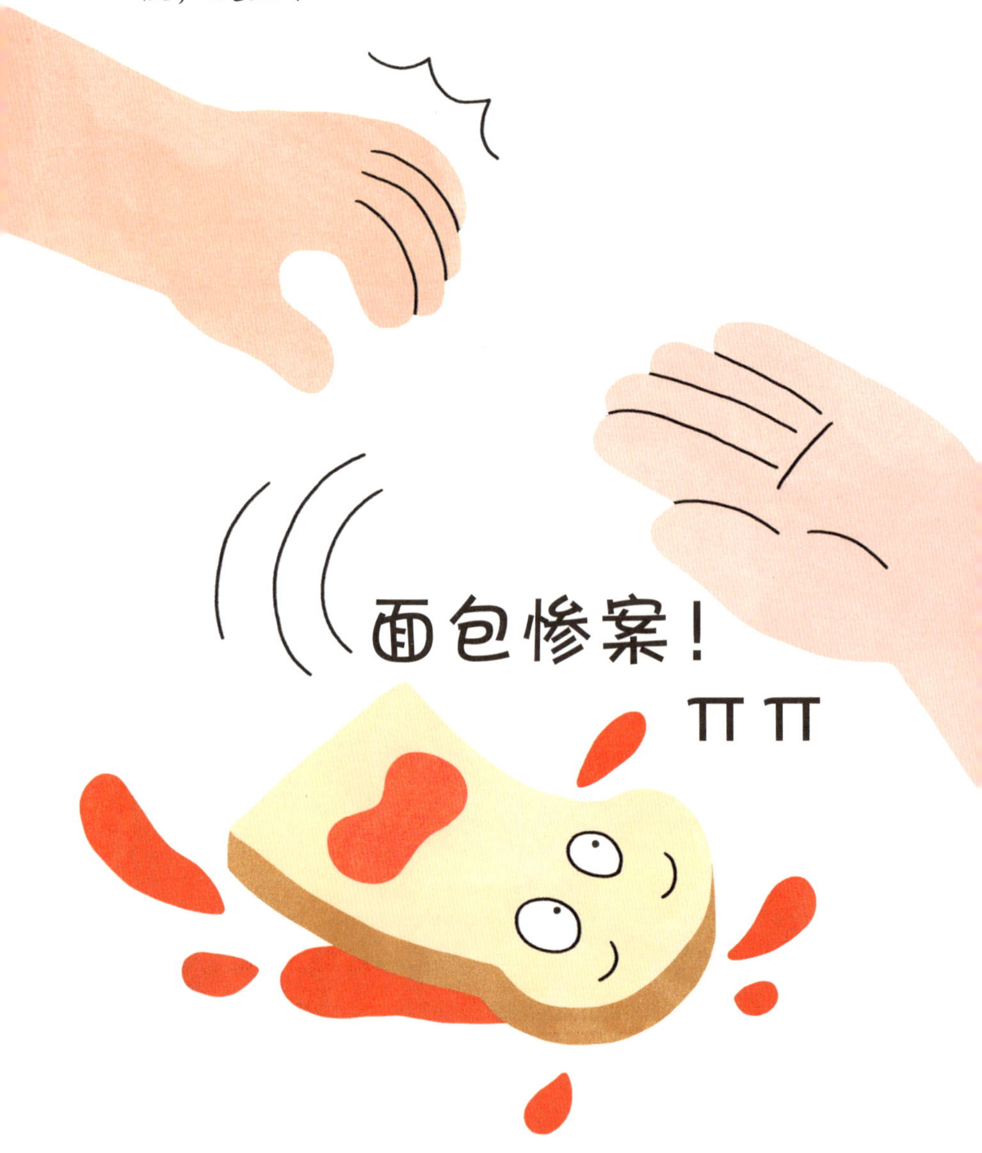

Oh My God

面包掉到地上也就算了，为什么偏偏是涂了果酱的那一面朝下？

“我的运气这么差吗？！”

帕托老师把手搭在我的肩上，安慰我说：“这跟你的运气没有关系，果酱面朝下是一个科学和数学问题。”

听了老师的话，我更蒙了：只是掉了一片面包而已，这也能跟科学和数学扯上关系？

“老师，您是在逗我吗？”

掉落的面包和概率

为什么总有那么一天，不管做什么事都不顺呢？

在超市排队结账，偏偏自己排的这队最慢。

不小心掉了片面包，偏偏是涂果酱的那面着地。

像这样越怕什么，越来什么，在心理学上叫“墨菲定律”。

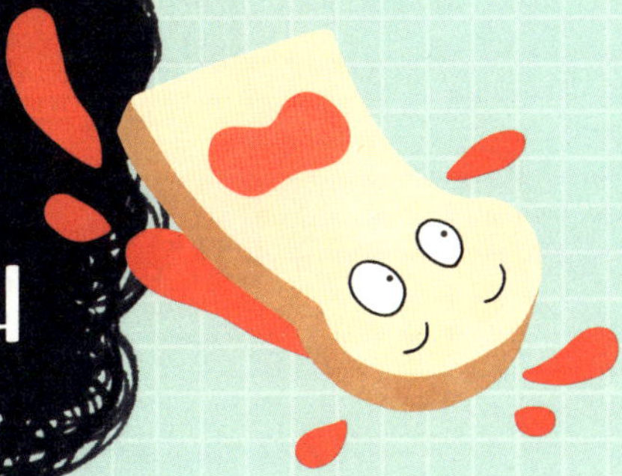

墨菲定律反映的真的只是运气问题吗？英国物理学家罗伯特·马修斯对此提出了质疑。他利用涂黄油的面包对墨菲定律进行了研究，并于1996年获得了搞笑诺贝尔物理学奖。

我们普遍认为，面包掉落是随机事件，两面着地的概率各占一半。罗伯特·马修斯却给出了不同的答案。他提出，面包哪面着地取决于：

重力、面包掉落时距离地面的高度，以及面包的旋转速度。

涂黄油或果酱时，我们一般都会涂在面包朝上的一面，应该没有人硬要涂在底面吧？

这么做也太违反常理了！

面包掉落的过程通常伴随着旋转，而掉落时人大多是坐着或站着的，拿面包的手距离地面的高度约为 1 米。那么从这个高度掉下去，面包在碰到地面前会旋转几圈呢？

在综合考虑了**重力**以及面包掉落时离地面的**高度**后，马修斯得出结论：面包大约在**旋转**半圈后触地。

这意味着，原本朝上的果酱或黄油面，会在面包旋转半圈后变成朝下的一面。

除了进行数学计算，为了证明这一结论，马修斯还发动英国学生进行了

至少 9821 次的面包掉落实验！

其中，有 6101 次是黄油或果酱面着地，其概率为 62.1%，超过了我们普遍认为的 50%！

虽然着地的不总是黄油或果酱面，但这一面朝下的概率确实更高。也就是说，这是一个大概率事件，而不是你的运气差！

4

浸泡饼干的独特秘诀

面包掉到了地上，看来我中午要饿肚子了。看到我沮丧的样子，帕托老师说道：

玛丽·安托瓦内特是法国国王路易十六的王后。当她得知老百姓买不起面包时，竟然发出一句惊世骇俗的反问：“他们为什么不吃蛋糕呢？”这句话在当时激起了民愤，这件事也成为这位法国王后最广为流传的故事之一。但据说，这句话实际上是由厌恶这位奥地利王后的法国民众杜撰的。

我拿起饼干，在牛奶里蘸了蘸。

这时，帕托老师突然问我：“你知道把饼干在咖啡或牛奶中浸泡多久，才最美味吗？”

我一边兴奋地吃着饼干，一边漫不经心地回答：“不管泡多久都好吃啊！为什么要考虑这个问题呢？”

帕托老师接着说：“英国科学家兰·费雪曾说过一句话——

伟大的发现通常都源自微不足道的日常小事。

“科学研究就是发现事物规律的过程。如果把这个过程比作捉迷藏，那么科学家就是游戏中的那个寻找者，而规律就藏在我们的生活琐事之中。兰·费雪就是一位喜欢从生活中发现规律的科学家，也是他发现了把饼干浸泡在咖啡中的最佳时长。”

规律通常可以用公式来表示。

“饼干在咖啡中浸泡多久才最美味呢？这个时间也可以用公式表示！兰·费雪还因为这项研究在 1999 年获得了搞笑诺贝尔物理学奖。”

泡出美味饼干的公式

你是不是一看到公式就头疼？放心，这个公式只是想告诉你，把饼干泡在咖啡或者其他液体里时应该考虑哪些因素罢了。

为什么要考虑这四个因素呢？让我们一起来看看。

一、饼干浸泡在液体中的深度

把饼干的一小部分浸泡在液体里，即使浸入的部分已经泡碎了，

二、液体的黏度

所谓黏度，就是液体的黏稠程度。

像蜂蜜一样黏度较高的液体，不易流动。

像水这样黏度较低的液体，很容易流动。

三、饼干孔的直径

饼干疏松多孔，除了表面能看见的孔，其内部还隐藏着很多孔。孔的直径越大、数量越多，饼干吸收液体的能力就越强。

四、液体的表面张力

表面张力是作用于液体表面、使液体表面积尽可能缩小的力。在表面张力的作用下，空气中的小水滴基本呈球形。不同液体的表面张力大小不同。

液体的表面张力越小，就越容易润湿固体。

浸泡的深度、液体的黏度、饼干孔的直径、液体的表面张力

以后可以换个方式：把饼干平着放进液体里，只浸湿饼干的一面，让饼干的另一面保持干燥。这样一来，饼干吃起来既松软又酥脆，特别美味！

5

熊孩子驱逐器

最近忙着期中考试，我隔了几天才去拜访帕托老师。

“今天在进行音乐考试时，六年级的晓宇出了点状况，场面有些尴尬。”我说。

“晓宇应该是到了变声期吧？”老师问。

我点头回答道：“是的，看来他不能像从前那样唱高音了。”

“没错。男生大多在 12 岁左右声带结构发生变化，因此会出现变声现象。男生和女生的声音频率在变声期后会变得明显不同。”

“什么是频率？”我问。

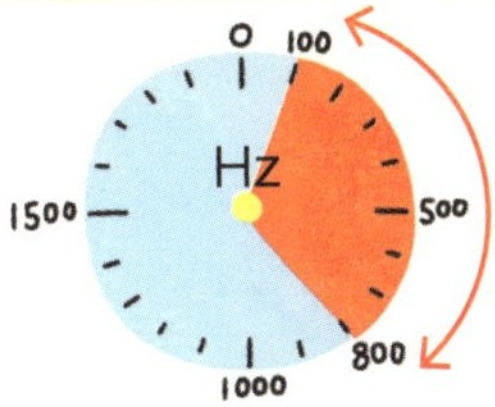

男声频率区间

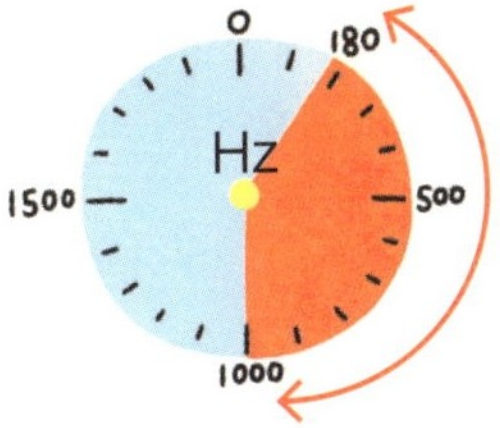

女声频率区间

女声的频率比男声的频率高！

我们可以根据频率把声音划分为高频和低频两大类。人耳通常可以听到20赫兹以上的低频声音，但几乎听不到20000赫兹以上的高频声音，在这一点上，男女没有差异。只不过随着年龄的增长，人们对高频声音的敏感度普遍会下降。

人类还利用频率，发明出了许多稀奇古怪的事物。

新发明 用来驱赶熊孩子的机器

利用频率的声音装置

英国发明家霍华德·斯特普尔顿在听闻女儿被不良青少年欺负之后，设计出了一款“熊孩子驱逐器”——

一种能发出 16000~18500 赫兹高频声音的装置。

这种装置获得了 2006 年的搞笑诺贝尔和平奖！它能发出一种刺耳的声音，通常情况下，只有 25 岁以下的年轻人能够听到这种高频声音。因为这种声音和蚊子声相似，所以该装置被命名为“Mosquito”，即英语的“蚊子”。

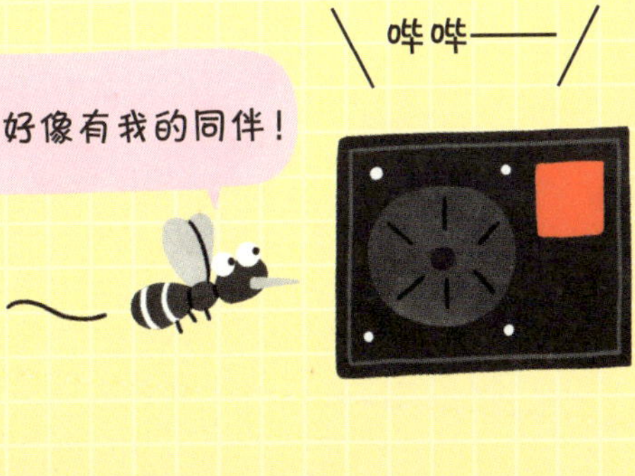

英国的很多商店，尤其是烟酒商店，都明确禁止未成年人进入。即便如此，熊孩子们还是经常来找碴儿。所以，对这些商店的店主来说，熊孩子驱逐器能帮他们省去很多麻烦。据说，“Mosquito”的大卖让霍华德·斯特普尔顿赚得盆满钵满。

不仅人类，动物也会利用频率。

频率高于 20000 赫兹的声波被称为“超声波”。人类听不到超声波，但某些动物可以。比如，蝙蝠能利用超声波在黑暗的洞穴中来去自如，在昏暗的夜色中发现果实和猎物。

动物们也会利用超低频的声音，鲸就是利用超低频声音沟通的代表性动物。座头鲸能发出频率约为 20 赫兹的“次声波”，这种超低频的声波能在海水中远距离传播，甚至能绕地球半周。

次声波同样不在人耳的识别范围之内，但能引起人体的共振。

6

转呼啦圈的要领

我和帕托老师一起在公园悠闲地散步。

突然，老师停下了脚步，两只手交叉在胸前，眼睛直视着前方一动不动！

原来，公园里正在举办呼啦圈比赛。

拥有小蛮腰的你真美！

桃源社区居民

呼啦圈大赛

没想到帕托老师接过了呼啦圈。

呼啦圈要靠大脑来转动

转呼啦圈究竟需要用到哪个身体部位呢？我们的第一反应都是用“腰”转，对吧？但事实上，有些人不管腰动得多快，

呼啦圈就是转不起来。

于是，美国科学家拉米什·巴拉苏卜拉曼尼亚和迈克尔·特维对“呼啦圈是靠腰转动的”这一认知产生了怀疑。他们一起研究了呼啦圈转动的原理，并在2004年获得了搞笑诺贝尔物理学奖。

科学家们为 7 个志愿者佩戴好感应器，让他们分别以不同的速度转动呼啦圈，然后借助电脑记录并分析了他们的转动过程。

实验结果表明：转呼啦圈一点儿都不容易，不仅需要用到腰部，还需要臀部、膝盖和脚踝等部位互相配合。

另外，为了完成这个大动作，

我们的大脑还要同时处理

18 种信息！

比起腰部的转动，臀部的前后移动以及膝盖自然的上下运动，才是让呼啦圈持续转动的关键。

通过这项研究，两位科学家证实了

大脑和神经
在维持身体平衡
方面的作用。

这是不是一个出乎意料的研究结果呢？转呼啦圈作为一项运动，不仅对身体健康有益，而且能充分调动大脑，对运动神经的发育也好处多多。不过，如果一直顺着一个方向转呼啦圈，有可能会对脊椎造成伤害，所以最好换着方向转。

7

孕妇不会摔倒的秘密

我们小区附近的公园里最近安装了平衡木。

每次从那里经过，我都会上去试试！

“我告诉你一个成功的秘诀吧！”

说完，体形比我高大许多的帕托老师轻轻一跳就上了平衡木，

然后自信满满地

张开了双臂！

稳稳走到平衡木的另一端后，帕托老师才继续说：“要像我这样张开双臂，才更容易保持平衡。”

“真的吗？”

我将信将疑，决定再试一次。

居然成功了！好神奇啊！
这到底是怎么回事？

我还没来得及问帕托老师原因，就被一位路过的孕妇吸引了注意力。

听到老师的话，我歪着头问："真的吗？"

帕托老师冲我笑了笑，看来他又要开始上莫名其妙的科学课了。

"接下来，就让我给你讲讲保持身体平衡的科学原理吧！"

进化的腰椎

你见过狗和猫走路的时候摔倒吗？没有吧？用四条腿走路的话，身体很容易保持平衡。即使是怀孕的狗和猫，其身体的平衡也不会被轻易打破，这是因为它们的肚子位于身体正下方。

但是人就不同了。人用两条腿走路，所以比狗和猫更容易摔倒。特别是肚子隆起的孕妇，如果朝前摔倒，肚子里的宝宝就会面临很大危险。

但奇怪的是，

孕妇并不容易

摔倒！

为什么会这样？2009 年，凯瑟琳·惠特科姆所在的研究小组找出了答案，并获得了当年的搞笑诺贝尔物理学奖。他们发现：孕妇之所以不容易摔倒，

是因为女性和男性的腰椎形状不同。

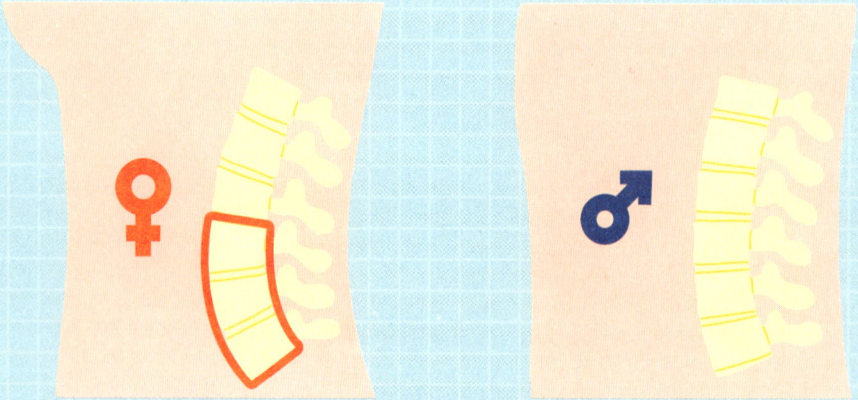

女性腰椎的弯曲部分跨越了三节椎骨，而男性只跨越了两节。此外，女性腰椎关节的连接角度也与男性的不同，能更好地承受额外的重量。

女性怀孕后腹部隆起，自身重心会因为胎儿的重量相对前移。于是，孕妇会不自觉地后仰，

以适应重心的移动，从而使身体保持平衡。进化的腰椎则能更好地缓解背部的压力。

至于为什么只要在平衡木上张开双臂就不容易掉下来，那是因为转动惯量。在平衡木上张开双臂，能够增大**转动惯量**，使身体的倾斜比双臂自然下垂时小一些，从而为身体恢复平衡争取到更多的时间。

所以，在平衡木上不要忘记张开双臂哦！

8

尿尿的时间问题

今天，我跑到了公共厕所做研究。

被我观察的大人们面露不悦，纷纷对着我立眉瞪眼。

我自豪地对帕托老师说：“我一直觉得，大人和孩子小便的时间应该是一样的，所以就跑到公共厕所来观察了。”

“怪不得大家都说公厕里有个‘怪小孩’，原来说的是你啊！”

听到帕托老师的话，我有些委屈地说：“如果那些搞笑诺贝尔奖的得主们听到这些，该有多难过呀！明明是为了科学发展而观察生活，换来的却是大家的嘀咕！”

帕托老师低声问道："你撒尿的时候喜欢被人盯着吗？"

看我没作声，他又补充道：

"你要区分
莫名其妙的研究
和冒犯他人的
研究啊！

"获得搞笑诺贝尔奖的那些科学家，虽然做着离谱的研究，却从来没有冒犯别人呀！"

见我有些沮丧，帕托老师拍着我的肩膀说：“下次注意就好了！话说回来，其实有科学家做过类似的观察和实验哦！”

“真的吗？”我惊讶地问。

“是真的。他们得出的结论是：

小便的时长和体形没有关系！”

排尿的21秒定律

高大笨重的大象和娇小轻盈的小猫，它们的排尿时长一样！

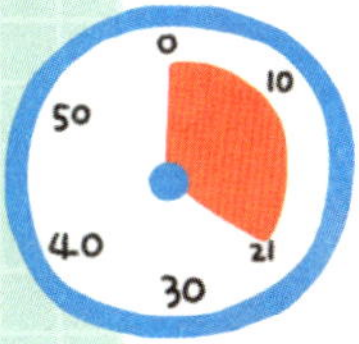

这项研究获得了 2015 年的搞笑诺贝尔物理学奖。

虽然并不是谁都对排尿时长感兴趣，但是确实有人像你一样对日常琐事充满了好奇。美国佐治亚理工学院的胡立德教授就是这样的人，他获得搞笑诺贝尔奖之后，甚至头戴马桶圈在颁奖典礼上发表了获奖感言。是不是很离谱？

假设大象的体重是 5 吨，猫的体重是 5 千克。让我们简单地计算一下：5 吨相当于 5000 千克，那么大象的体重是猫的多少倍呢？答案是 1000 倍。既然两者的体重差异如此之大，那么它们的膀胱大小和尿量自然也不一样。差别有多大呢？大象的膀胱容量是 18 升，而猫的膀胱容量只有 5 毫升，这就好比 18 盒 1 升装牛奶和 1 茶匙牛奶的差异！

大象的膀胱容量比猫的大这么多，按照常理，如果大象撒尿需要 5 分钟，猫应该只用 5 秒就够了吧？但是科学家们拍摄了 16 只不同体形的动物排尿的过程，又在视频网站上找到了 28 只动物的排尿视频，并分别记录了它们排尿的时间。结果呢？

这些动物几乎都用 21 秒排空了膀胱！

是不是很神奇？为什么会这样呢？

原因就在于重力！

动物的体形越大，膀胱就越大，尿道也越长。按照常人的逻辑，排尿的时间也应该越长才对。但尿道越长，尿液的流速也会因重力而越来越快，所以不同体形的动物才会在几乎相同的时间内排空膀胱。

不过，这个黄金法则并不适用于像老鼠这种体重不足 3 千克的小型动物。老鼠小便的时间更短，因为它们的尿量太少，不足以形成水流，只能一滴一滴地掉下来。

9

袜子外穿的好处

人们穿袜子的理由各种各样！

我在帕托老师家发现了一双用途不明的袜子！

帕托老师边说边拿出一张照片。

“在新西兰的达尼丁市，有全世界最陡的街道。每到冬天，这条街的路面就会结冰，让人寸步难行。所以，当地议会给市民提出了防滑建议。”

“达尼丁市议会建议人们将袜子套在鞋子外面出行，这样就不容易滑倒了。”

“这样真的可以防滑吗？”我歪头问道。

“是啊，这样究竟能不能防滑呢？”帕托老师故作沉思地问道。

袜子和摩擦力

新西兰奥塔哥大学的物理学家们为了检验达尼丁市议会“在鞋子外面套上旧袜子可以防滑”的建议是否正确，特意进行了一项下坡实验。

共有 30 名志愿者参加实验，他们的任务是尽量让自己毫发无伤地走到路的尽头，其中有 15 人将袜子套在了鞋子外面，另外 15 人正常穿鞋。

观察结果显示，套袜子的人下坡的姿势比没套袜子的人更挺拔，并且他们自己感觉套上袜子之后更不容易滑倒，走完全程所花的时间也更短。

科学家们认为实验结果是有说服力的，并用摩擦力进行了解释。

所谓摩擦力，就是在两个物体的接触面上，阻碍物体相对运动的力。

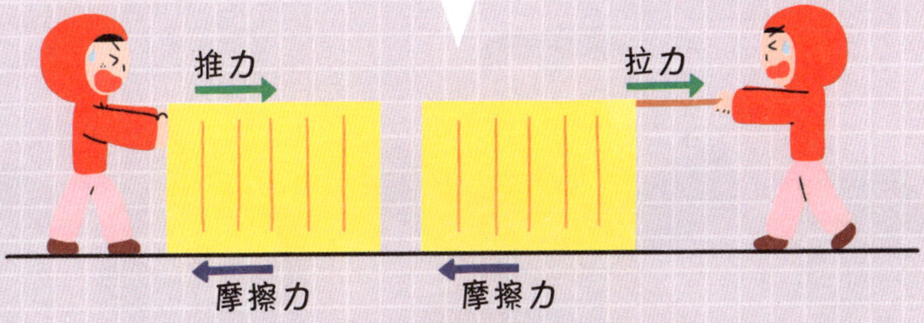

接触面越光滑，物体的重量越轻，摩擦力就越小。所以，人们很容易在结冰的路面上滑倒。袜子是纤维材质，比鞋底更粗糙，因此把袜子套在鞋外面，摩擦力就会变大，更不易滑倒。

古人遇到雪天，就会在鞋底上绑一条草绳防滑，其实和袜子外穿是一样的道理！

如果你问，达尼丁市的人们一到冬天就会外穿袜子吗？答案是不会，因为袜子是布做的，很容易湿，一旦湿了摩擦力就会减小，防滑效果就会下降。再说，把袜子套在鞋外面，就像超人把内裤外穿一样，多少有些滑稽。所以虽然科学家们证明了袜子外穿的防滑作用，但现实中没有人这样做。

10

端咖啡走路如何不洒？

今天，帕托老师请我喝果汁，然后他给自己买了杯咖啡。

但咖啡杯的盖子没盖好，掉到了地上，还被我一不小心踩了一脚。

“糟糕！”

“快下雨了，我们赶紧回家吧！”帕托老师边说边加快了脚步，我也紧跟其后。

就在这时，我的眼睛敏锐地捕捉到了一丝异常！

刚才　　现在

2017 年，韩国高中生韩志元凭借“端咖啡走路如何不洒”的研究摘得了 2017 年搞笑诺贝尔的流体力学奖。他得出了两个结论：

走路时抓住咖啡杯的上部，
可以防止咖啡溅出；

比起圆柱形的杯子，
用高脚杯盛咖啡比较不容易洒！

“哇！得奖的竟然是一位高中生！”

也许是因为获奖人只比我大几岁，我顿时感到信心满满，马上拿过帕托老师的咖啡杯，开始验证抓握方式。

“这样抓的话，应该不会洒吧？哎呀！”不等我验证，咖啡杯就掉到了地上。

咖啡里的流体力学

这世上一切看似静止不动的事物，其实都处于振动之中。

所谓振动，就是物体相对于基准位置所做的来回往复的运动。

放在桌子上的咖啡杯看起来是静止的，但实际上，不管是咖啡、杯子、桌子还是“我”，以及构成“我”的每一个细胞，都在振动，并且每种物质都有各自的固有频率。

所有存在着的物质都在振动！

那么端着咖啡走路的时候呢？

人的身体的振动和手腕的微小晃动都会传递给咖啡杯。

当外界传递给物体的振动频率接近物体的固有频率时，就会使振幅急剧增大，这种现象叫共振。

韩志元将咖啡分别倒入高脚杯和圆柱形杯子里，然后测量了两种杯子的振动频率。

频率的单位是赫兹。高脚杯和圆柱形杯子的振动频率分别是 2 赫兹和 4 赫兹，而人走路时的振动频率一般是 4 赫兹。当频率相似的振动相遇时，振幅会显著增大。所以走路的时候，比起拿高脚杯，圆柱形杯子里的咖啡更容易外溅。

但是我们总不能把盛咖啡的纸杯换成高脚杯吧？所以韩志元又研究了在使用纸杯时，减少咖啡洒溅的方法。

结果表明，手抓纸杯的上部可以减少咖啡外溅。因为这样的抓握方式会降低手腕传递给杯子的晃动，从而减小杯内咖啡的振幅。

帕托老师小课堂

大家好奇的术语

地磁场（第 4 页）

大部分科学家认为，地磁场是由地球外核中铁水和镍混合物的对流运动产生的。我们可以想象地球中心存在一块条形磁铁，它与地球自转轴的夹角约为 11 度。这块条形磁铁的南北轴与地球表面相交的点分别为地磁的南北极，地磁南极指向地球北方，而地磁北极则指向地球南方。

抗磁性（第 13 页）

铁、钴、镍等金属能被磁铁吸引，自身被磁化后产生的磁性很强，它们被称为“铁磁性”物质。铝与上述金属表现出的性质类似，只不过其磁力要弱很多，并且磁性持续时间很短，铝的这种性质叫“顺磁性”。与顺磁性物质相反，金、铜、玻璃、水等物质总是在排斥磁场，它们被磁化后会产生一个反向的磁矩，这种抵抗磁化的能力叫作“抗磁性”。

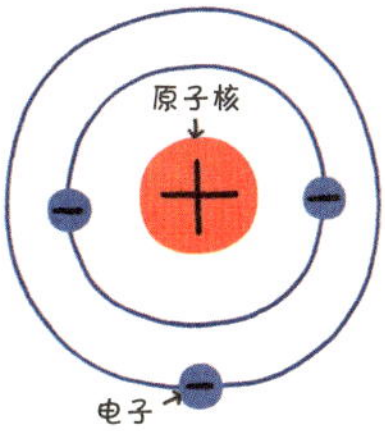

转动惯量（第 56 页）

描述一个物体绕轴转动时惯性大小的物理量。物体的转动惯量越大，其转动状态越难发生变化。转动惯量的大小取决于物体的形状、质量分布和转轴的位置。在平衡木上张开胳膊，为的是让转动惯量增大，从而保持身体的稳定。

大家好奇的人物

安德烈·海姆
（第9页）

安德烈·海姆出生于俄罗斯，是拥有荷兰和英国双重国籍的著名物理学家。2010年，他因对二维材料石墨烯的开创性研究，与康斯坦丁·诺沃肖洛夫一起获得了诺贝尔物理学奖。而早在2000年，他就因为让一只青蛙成功悬浮而获得了搞笑诺贝尔奖。海姆是迄今为止唯一一位同时获得诺贝尔奖和搞笑诺贝尔奖的科学家。

罗伯特·马修斯是英国伯明翰阿斯顿大学数学系教授，自2003年起连续多年被评为英国最优秀的科普作家。他总是在不同的学科之间游走，用通俗易懂的方式为大众普及复杂的科学理论，为科学普及做出了巨大贡献。他也是《时代周刊》《经济学家》《星期日电讯报》和英国广播公司（BBC）等多个媒体的专栏作者。

罗伯特·马修斯
（第21页）

兰·费雪
（第27页）

兰·费雪是英国布里斯托大学物理系教授，拥有布里斯托大学、悉尼大学、新南威尔士大学等多所名校的化学、数学、辐射化学、物理学、生物科学、哲学等学科的博士或硕士学位。他擅长发现隐藏在日常生活中的科学现象，并深入浅出地折解其中的科学原理。他的畅销书《如何浸泡饼干：日常生活中的科学》（2002年）被翻译成了11种语言，并使他当选为美国物理学会的“年度科普作家”。

搞笑诺贝尔

科学篇 化学

好奇心工作室 / 著

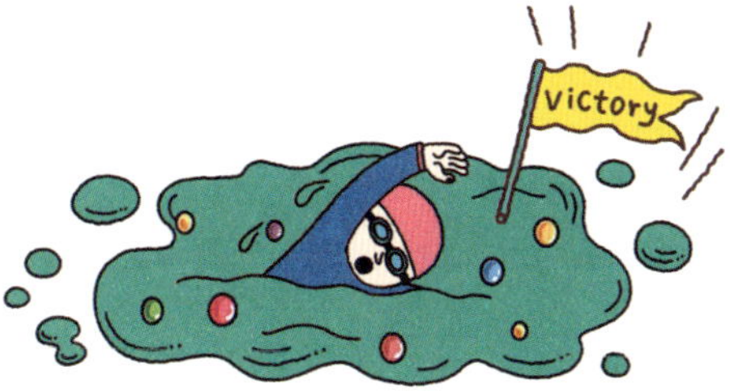

中国出版集团有限公司
China Publishing Group Co., Ltd.
现代出版社

你喜欢科学吗？

提起科学，肯定有很多人喜欢，但也有一些小朋友想到科学就头疼。毕竟，科学看起来那么复杂，有那么多公式，还有一大堆需要背诵、记忆的东西！但是在这本书里，大家完全不需要有这种担心。请放松心情，跟随“我”和帕托老师，一起走进看似荒诞、实则严谨的趣味科学世界吧！

本书从历届搞笑诺贝尔奖的获奖研究中，选出了10个化学领域的研究。这些“乍看之下令人发笑，细思之后发人深省”的研究，会让大家笑着笑着就对化学产生兴趣，读着读着兴许还会萌生成为化学家的念头呢！

你知道搞笑诺贝尔奖吗？

搞笑诺贝尔奖设立于 1991 年，由科学幽默杂志《不可思议研究年鉴》创办，奖项涉及物理、化学、医学、数学、生物、和平等多个领域，旨在提高人们对科学的关注度，激发人们对科学的兴趣。

获得搞笑诺贝尔奖的研究常常出人意料，有的甚至令人无语。但也正是这些不可思议的科学研究，会让人们发出“原来科学这么有趣啊！”或者“原来科学就藏在我们的生活中啊！”这样的感叹。在搞笑诺贝尔奖的颁奖典礼海报上，罗丹的作品《思想者》从坐着思考变成了躺在地上思考，其目的就在于强调“转变思维”的重要性。

那么，现在就让我们用这本书打破思维定式，开启怪诞离奇的科学视角吧！

目录

搞笑二人组

帕托老师

一位行为举止匪夷所思，
常常异想天开，
但对待科学始终
保持严谨态度的
奇葩老师。

我

一名四年级小学生。
爱管闲事，
性格坦率，好奇心强，
行动力无敌！

1

脚臭味来自哪里？

“老师，我刚刚坐地铁的时候，遇到了一件让人特别无语的事：一个大叔竟然在众目睽睽之下脱掉了鞋和袜子！”我一见到帕托老师就忍不住抱怨道。

“我实在看不下去了，就站出来制止他。”

“老师，那个大叔也太不讲道理了吧？”我还在因为地铁上的事而感到愤愤不平。

但帕托老师似乎没听明白，摇了摇头问道：“通风不好和脱袜子究竟有什么关系呢？”

“地铁里通风不好，脱了袜子，脚臭味肯定散不掉啊……”

我正说着，帕托老师突然扯下自己的袜子闻了闻，趁我没反应过来又送到了我鼻子下。

唉！我真的太不幸了，一整天都在闻脚臭味。

但是，等等……

我竟然有了惊人的发现！

脚臭真相大揭秘

脚臭是因为细菌作怪。被鞋和袜子包裹的脚很容易出汗，而汗水能给细菌提供养分，细菌大量繁殖并分解角质蛋白，这才散发出了异味。如果本身就患有脚气（足癣），在引发脚气的真菌的“助攻”下，那味道自然更加刺鼻了。

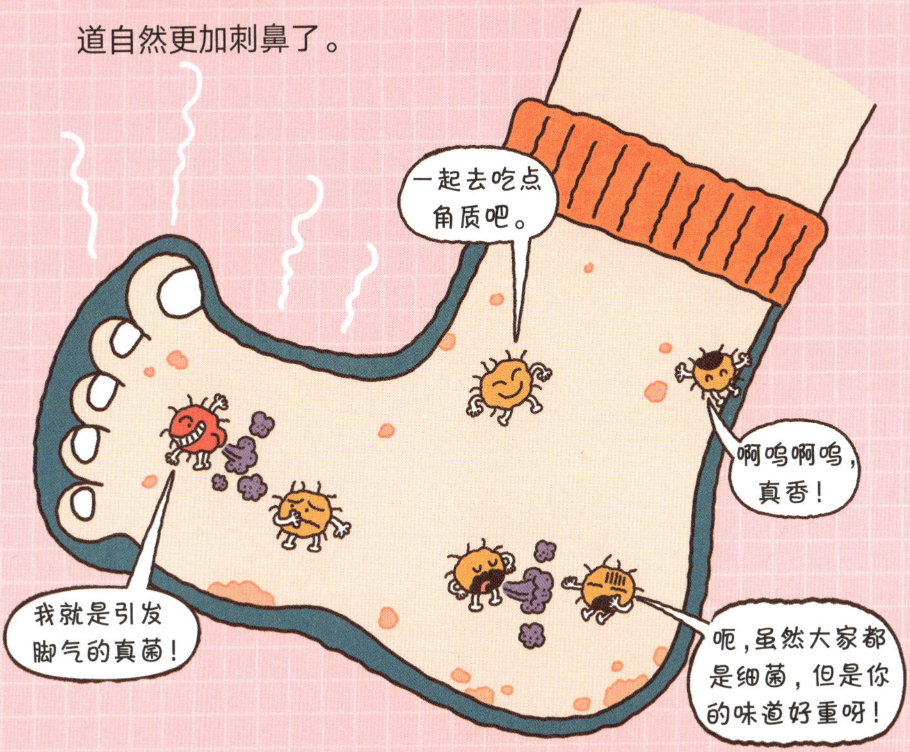

引发脚臭的元凶是一种叫作“异戊酸”的化学物质。它的味道发酸，与过期奶酪的味道相似。异戊酸在高度稀释后会散发出甜润的果香，因此常被用来制作菠萝香精。

想不到吧？脚臭和果香竟然源于同一种物质。

日本某化妆品公司的研究员利用多种化学物质制造出了几种溶液，让嗅探者评估溶液散发出的味道是否类似腋臭、脚臭、头油味等。

另外，他们还从多汗男性的袜子中提取出一些化学物质，利用这些物质人工制造出了脚臭味。

实验结果显示：

1 脚臭味和其他身体部位散发的臭味很难区分。

2 异戊酸是造成脚臭味的罪魁祸首。

也许是因为异戊酸可香可臭的特点，科学家们得出了一个有趣的结论：

那些认为自己脚臭的人，他们的脚就臭；而那些认为自己的脚不臭的人，他们的脚就不臭。

2

10年的汉堡和54年的罐头

“老师，我今天特意整理了房间，本以为能得到妈妈的夸奖，却不想挨了一顿骂。”

“哦？是不是翻出了什么不该出现的东西？”

“对，我从抽屉里翻出了去年冬天吃剩下的薯条。它竟然还是去年买回来的样子，一点儿都没变，像木乃伊一样，都可以放在博物馆里展出了！”

“让你说中了，还真有汉堡和薯条的展览！我在冰岛的国家博物馆里就看到过。”帕托老师说道。

“有传闻说快餐店里的汉堡和薯条不会腐烂，有些人出于好奇，就刻意把汉堡或薯条存放了很久，来确认这一传闻是否属实。”

“那些人该不会获得搞笑诺贝尔奖了吧？”

帕托老师摇了摇头，说：“并没有。虽然这种实验精神很可贵，但获奖也不是一件容易的事，而且之前已经有相似的实验获得了搞笑诺贝尔奖。”

放了 50 多年的罐头，吃完居然没有生病！汉堡和罐头真的都不会腐烂吗？

听到这里，大家是不是想知道，

食物能被长期保存而不腐烂的秘密？

揭开食物腐败变质的秘密

食物的腐败变质主要是

由微生物引起的。

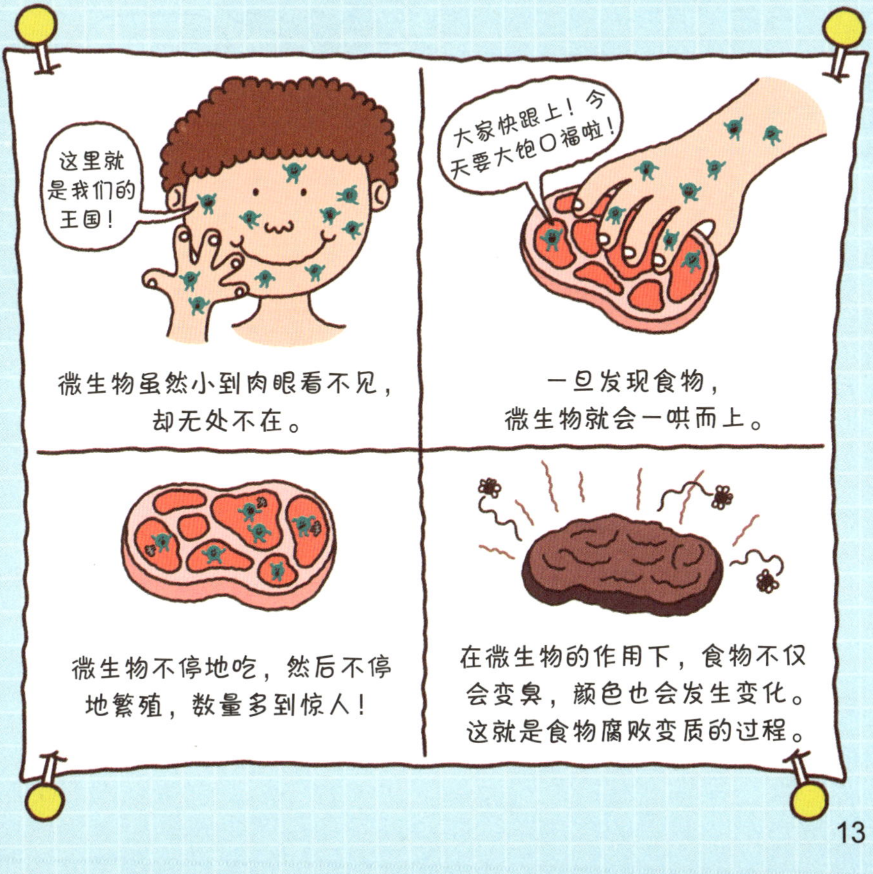

环境越温暖🌡，湿度越高↑，微生物就越容易繁殖。

现在，大家知道为什么食物在夏天更容易腐败变质了吗？

那么，我们该怎样防止食物腐败变质呢？

可以降低环境的温度和湿度，破坏微生物生长繁殖的条件！

于是人们发明了冰箱，利用低温保存食物。

还有一种方法可以防止食物腐败，那就是：

将食物与微生物隔绝！

罐头用的就是这种方法。

很久以前，人们就找到了延缓食物腐败的方法。

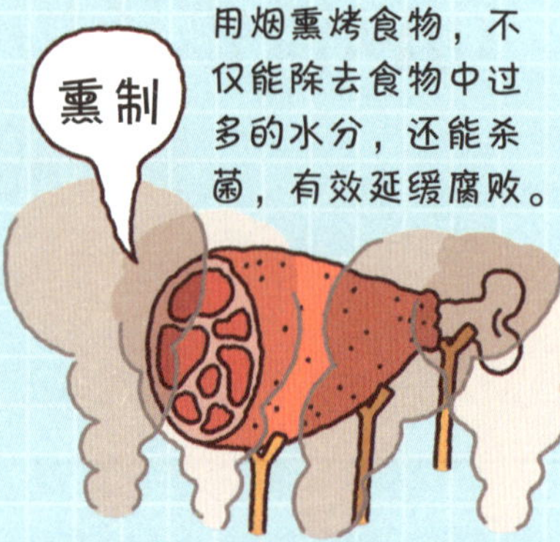

微生物有时也能帮助我们制造食物，这个过程被称为“发酵”。酸奶、泡菜、臭豆腐就是典型的发酵食品。发酵过程中，微生物不仅使食物变得更美味，也使它们更有益于人们的身体健康。

3

自带香味的西装

放学路上突然下起了雨，我没带伞，只好躲进亭子里避雨。

这时，我们学校的校花阿英恰巧路过。

阿英邀请我和她共打一把伞，这让我的心忍不住怦怦直跳。

突然，阿英耸了耸鼻子问道：“咦？这是什么味道？你闻到一股怪味了吗？”

“糟糕，一定是踢球的时候出了太多汗，衣服上有汗臭味！”想到这儿，我尴尬地缩了缩身子。

我赶忙和阿英告别，冒雨跑到帕托老师家，告诉了他这件糗事。

“出汗再加上下雨，味道肯定更难闻了。要是有一件能散发香气的衣服就好了……”我哭丧着脸说。

“你想要能散发香气的衣服吗？”帕托老师笑眯眯地问。

“韩国的权赫镐先生就因为发明自带香气的西装，在 1999 年获得了搞笑诺贝尔环境保护奖。”

老师的话让我瞬间忘记了刚才的小尴尬，忍不住惊呼：“哇，自带香气的西装！他是怎么做到的？太神奇了！”

帕托老师笑着调侃我：“刚才还哭丧个脸，这么快就雨过天晴啦？”

一起来了解下

自来香西装和功能纤维吧！

能力非凡的功能纤维

有什么方法能让衣服散发出香气呢？大部分人可能会想到喷香水。但是香水的味道不持久，需要反复喷洒，很是麻烦。于是，有人发明了

自来香西装！

它的原理很简单：在西装的面料里放入不计其数的微型香料胶囊，只需正常走路或轻轻揉搓面料，就能让胶囊破损，使西装散发出令人愉悦的香气。

自来香西装的原理听起来很简单，但是它的工艺却没那么简单！

不仅要把胶囊制作成百万分之一米（1 微米）的大小，还要考虑如何让香气持久，解决洗涤时香气被带走的问题。最后，还得控制好走路或揉搓时胶囊的破损数量。

在不频繁洗涤的情况下，自来香西装的香气可以保持两年。

自来香西装中有能散发香味的纤维，像这样具有特殊功能的纤维叫作“功能纤维”。

防水透气面料中也有功能纤维，其中含有大量直径介于气体分子和液态水分子之间的微孔，这些微孔能使空气通过，但不会让水滴通过。

除此之外，还有能降温的凉感纤维、能御寒的发热纤维。这两种纤维的功能截然相反，但都利用了热传导。正常情况下，人的体温在 36.5℃左右。穿上凉感面料，汗液更易蒸发，身体就会感到凉爽。相反，穿上发热面料，汗液更难蒸发，身体就会感到暖和！

目前，科学家们还在研发具有更多功能的纤维。未来，你希望出现什么样的功能纤维呢？

4

为爱而生的内裤

“老师，这是妈妈叫我拿给您的。”

我把香喷喷的地瓜递给帕托老师，然后坐在一旁看着他吃。

“地瓜这么香，你怎么不吃呀？”帕托老师看我一动不动，好奇地问道。

“地瓜有些噎嗓子，而且吃完还容易放屁，那味道太刺鼻了！”

听完我的话，帕托老师呵呵一笑，说：“你让我想起了2001年获得搞笑诺贝尔生物学奖的那件发明——防臭屁内裤。”

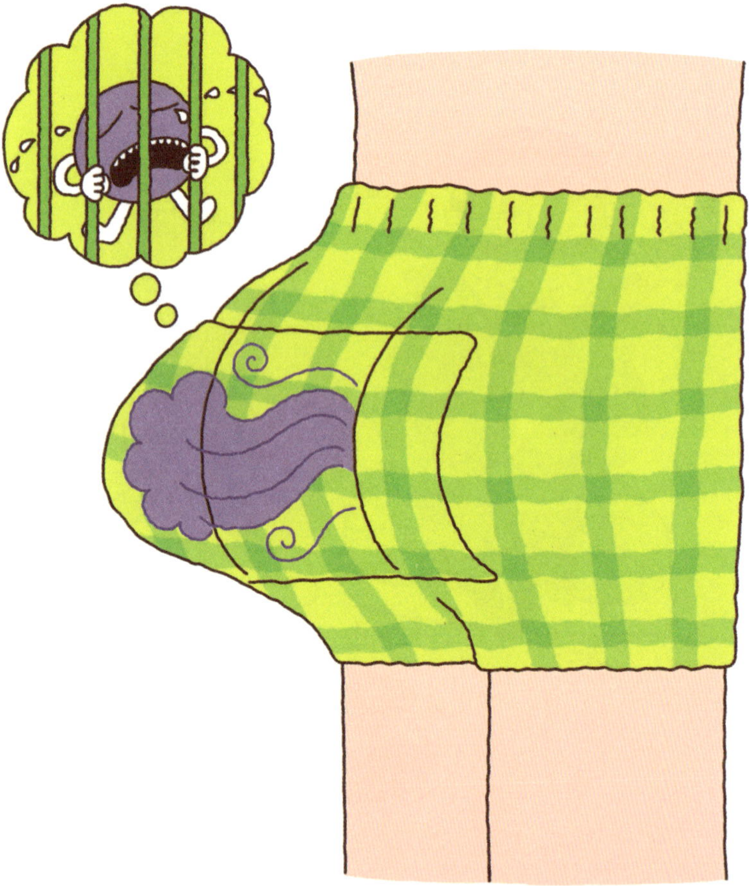

“哦？竟然还有这种内裤！谁会穿呀？”我忍不住笑了起来。

帕托老师却一本正经地说：“还能有谁，自然是被丈夫深爱着的妻子啊！”

接着，老师给我讲起了防臭屁内裤背后的感人故事。原来，防臭屁内裤的发明者是一个名叫巴克·韦默的美国人。他经营着一家内衣公司，事业顺风顺水，家庭也幸福美满。

不幸的是，他的妻子患上了罕见的克罗恩病。这个病的症状之一就是频繁放屁，不仅味道难闻，而且不受控制。

听到这些，我很惭愧自己刚才在不明所以的情况下发笑。但我还是抑制不住内心的好奇，问道："这个内裤究竟是怎样防臭的呢？"

就让我们一起揭开
防臭屁内裤过滤臭味
的秘密吧！

能除臭的过滤器

能够过滤液体或气体中杂质的装置叫作过滤器。

空气净化器中的过滤网能过滤空气中的杂质，水族馆里的过滤器能过滤水中的杂质。

那么，巴克·韦默制造的防臭屁内裤主要过滤了什么呢？在回答这个问题之前，我们需要先了解一下屁的成分。

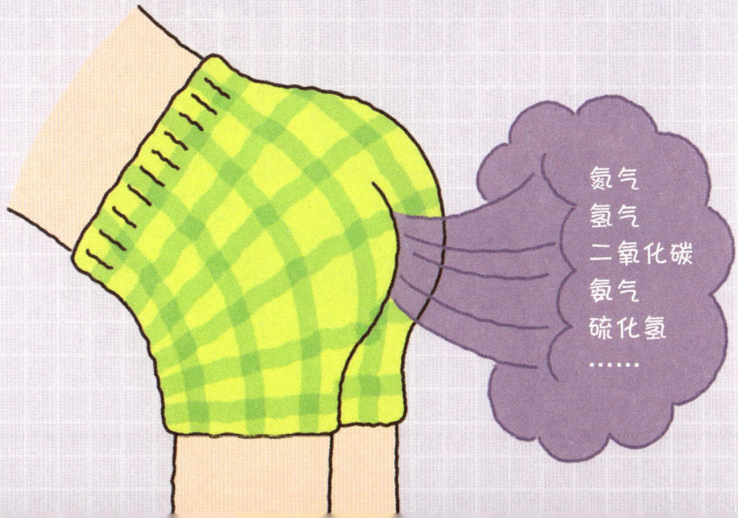

在组成屁的气体中，氨气和硫化氢气体是臭味的主要来源。找到臭味的来源后，巴克·韦默经过研究，利用活性炭和玻璃纤维制作出了能去除氨气和硫化氢气体的过滤器。活性炭里有很多细小的孔，吸附能力较强，可以快速吸走气体或液体中的杂质。你看过防雾霾口罩的说明书吗？这种口罩里也有活性炭。

不过，并非所有过滤器的构成都一样。比如，空气净化器以除尘为主要功能，其过滤器是由多层滤网制成的。

滤网的作用各不相同：最外层的初效滤网孔隙较大，可过滤毛发、灰尘等较大的颗粒物；HEPA 高效滤网由玻璃纤维制成，可捕捉肉眼看不见的浮尘和颗粒；活性炭滤网则可以吸附有害气体，去除异味。

现在，过滤器被广泛用于日常生活的方方面面，如空调、煤气灶、抽油烟机、吸尘器、汽车引擎，以及地铁的通风口等。对于工厂的烟囱和污水净化设施来说，过滤器的作用至关重要。而在地球环境日益恶化的今天，

为不同场景制造出
高性能的过滤器
变得尤其重要！

5

在糖浆和水中进行的游泳比赛

帕托老师突然问我：“‘是骡子是马，拉出来遛遛’这句歇后语一般适用于什么场景？”

这种问题可难不倒我，我不假思索地给出了答案。

“没错！事实上，通过比赛得出结论的搞笑诺贝尔研究有很多。2005 年的搞笑诺贝尔化学奖的获奖研究就是一个典型的例子。”

“你觉得在糖浆里游泳游得快，还是在水里游得快？”帕托老师又问。

“肯定是在水里游得快啊！”我再次不假思索地回答。

“为什么呢？”

面对帕托老师的追问，我自信满满地答道：“因为糖浆更黏稠。”

黏稠的液体具有黏性，也就是流体内部阻碍自身相对流动的特性。

与**黏性**相对的是**流动性**，即流体**流动的特性**。

水和油的黏性低，易流动；蜂蜜和糖浆的黏性高，不易流动。

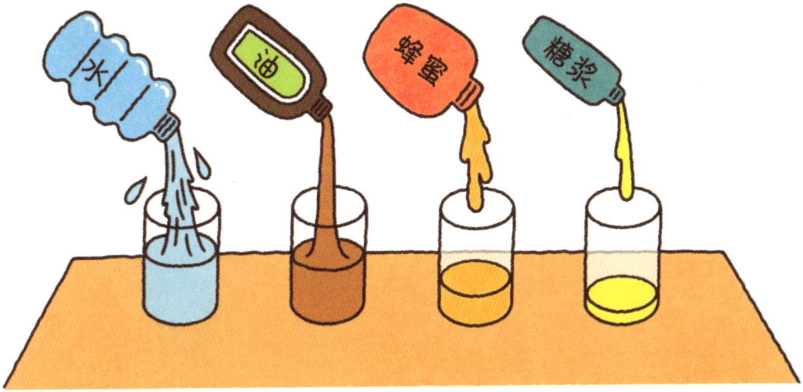

“由于糖浆黏性高、流动性低，所以人们会下意识认为在糖浆里更难移动，肯定会比在水里游得慢。”

揭开黏性的神秘面纱

步入 21 世纪后，科学技术虽然有了巨大进步，但依旧有很多人类无法解释的问题，黏性便是其中之一。黏性高的液体究竟具有怎样的性质呢？

为了找到答案，科学家们在两个游泳池里分别倒入糖浆和水，以比较在糖浆和水里游泳，哪个更快。

实验结果显示，在糖浆和水里的游泳速度并没有明显差异。为什么会这样？

当我们在水里划臂时，水会剧烈晃动，这种晃动会妨碍我们前进。而黏稠的糖浆流动性更低，所以不太会晃动。因此，在糖浆里游泳比我们想象中的要容易些。

糖浆虽然比水的黏性高，
却有意想不到的好处啊！

不可否认，在黏稠的糖浆中活动四肢的确非常困难。流动性低就意味着阻力大，但是阻力越大，推动游泳的人前进的力也就越大。比如，在黏性很低的空气中，直升机每分钟需要转动数千次螺旋桨才能前进；而在黏性比空气高的水中，人只需要动动手脚就能前进！

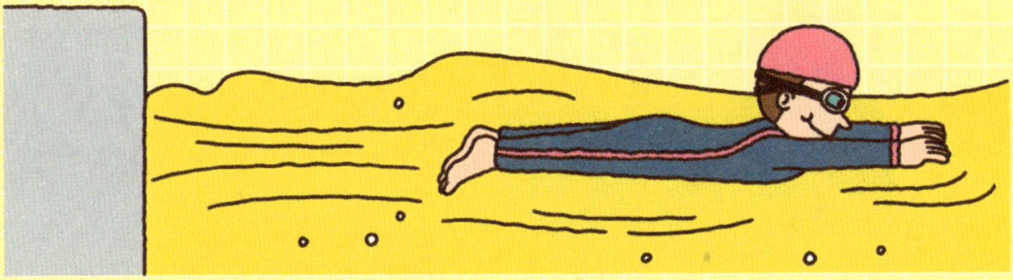

在糖浆里游泳比在水里所获得的推力大！

有位科学家还做了一个关于黏性的伟大实验！

为了证明“一些看似是固体的物质，其实是黏性很高的液体”，澳大利亚昆士兰大学的托马斯·帕内尔教授于 1927 年开始了沥青滴落实验。到目前为止，这项实验已经持续了 90 多年，共有 9 滴沥青滴落，大约每 10 年滴一滴！

沥青的黏性着实了不起！

6

快速点着烧烤架的秘诀

上周末，我们一家人去露营。

由于路上花了 5 个多小时，全家人都饿坏了。一到露营地，爸爸就开始搭烧烤架，准备炭火。

可是天都黑了，木炭还是没有点着。

最终，
忍无可忍的妈妈
做了一个明智的决定！

还是用泡面对付一下吧！
泡面和露营绝配！

"老师，我当时差点儿饿死！"

听我讲完上周末露营时的乌龙事件，帕托老师笑着说："1996年，有一位教授在3秒内点燃了木炭，还获得了搞笑诺贝尔化学奖，你们要是知道这个故事……"

老师的话瞬间点燃了我的好奇心。

究竟什么是燃烧？

你知道什么是燃烧吗？

我们通常认为着火就是燃烧，但燃烧的定义其实是这样的：

物质与氧气发生剧烈反应而发光发热的现象。

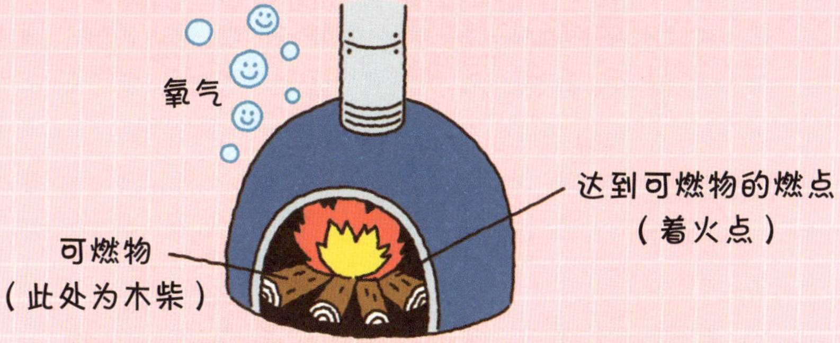

燃烧三要素为：可燃物（如木柴、纸张、布料、汽油等）、助燃物（如氧气）、温度达到燃点。只有同时满足这三个条件，才能发生燃烧。

1996 年，美国普渡大学的乔治・戈贝尔教授充分利用燃烧三要素，在 3 秒内将野餐烧烤架上的木炭点燃，打破了世界纪录。

在烧烤架上堆好木炭和煤炭，也就是我们所说的可燃物后，戈贝尔教授向里面注入了大量氧气，继而进行加热，使炭的温度达到燃点。

值得一提的是，空气中氧气的占比约为 21%，而戈贝尔教授加入的是 11.3 升纯度极高的液态氧。

液态氧又是什么？

世界上的物质几乎都存在固、液、气三种状态，而且这三种状态可以在一定条件下互相转化。比如，水在常温条件下以液体的状态存在；在 0℃以下，液态的水会变成固态的冰；超过 100℃，液态的水则会变成水蒸气。氧也一样，常温下的氧是气态的，所以才能被我们吸入肺部。

但当温度低于 -183℃时，
氧就会从气态转化为液态，
这就是戈贝尔教授用的液态氧。

液态氧是很强的助燃剂，一定要远离火源储存，否则极有可能引发火灾。

那么，我们什么时候会用到液态氧呢？对人类的太空计划而言，液态氧是不可或缺的资源。

航天火箭用液态氢、煤油等作燃料，
用液态氧等氧化剂助燃，
点火后喷出高温高压的燃气，
由此产生的强大推力推动火箭升空。

7

啄木鸟为什么不会得脑震荡?

我在回家路上看到小东在前面，就开玩笑地拍了一下他的后脑勺。我拍完就跑，然而在踩上斑马线的一刹那……

“老师？”

帕托老师突然出现在我身后，拽住我一脸严肃地呵斥道：“不能开玩笑打人，而且你在人行横道上瞎跑什么？！就算是啄木鸟，这么做也是很危险的！”

虽然被批评了，但我还是忍不住问帕托老师："您刚刚为什么会提到啄木鸟呢？"

“因为啄木鸟以每小时25千米的速度撞击树木，每秒约撞击20次，头部却能安然无恙。”

在我保证以后不开玩笑打人和过马路会小心后，帕托老师接着说：

“我现在就告诉你，为什么啄木鸟在受到巨大冲击后，头部却安然无恙。”

当然，即便是啄木鸟，也不能在过马路时闯红灯！

但是受到冲击时，啄木鸟的头部比世界上任何其他动物的头部都更安全。

要知道，啄木鸟每敲击一次树干，其头部所承受的冲击力约等于其自身重力的 1000 倍。那么，

啄木鸟

为什么

能毫发无伤？

这是个谜。

新闻

乌类学家伊万·施瓦布因模仿啄木鸟敲击木头而晕倒。

美国加利福尼亚大学戴维斯分校的鸟类学家伊万·施瓦布对这个问题进行了深入研究，并因此在2006年获得了搞笑诺贝尔鸟类学奖！

他的研究结果显示：啄木鸟的颅骨像海绵一样有许多孔，可以起到缓冲作用；并且啄木鸟会在敲击树木的千分之一秒前闭上眼睛，以防眼珠掉出来。

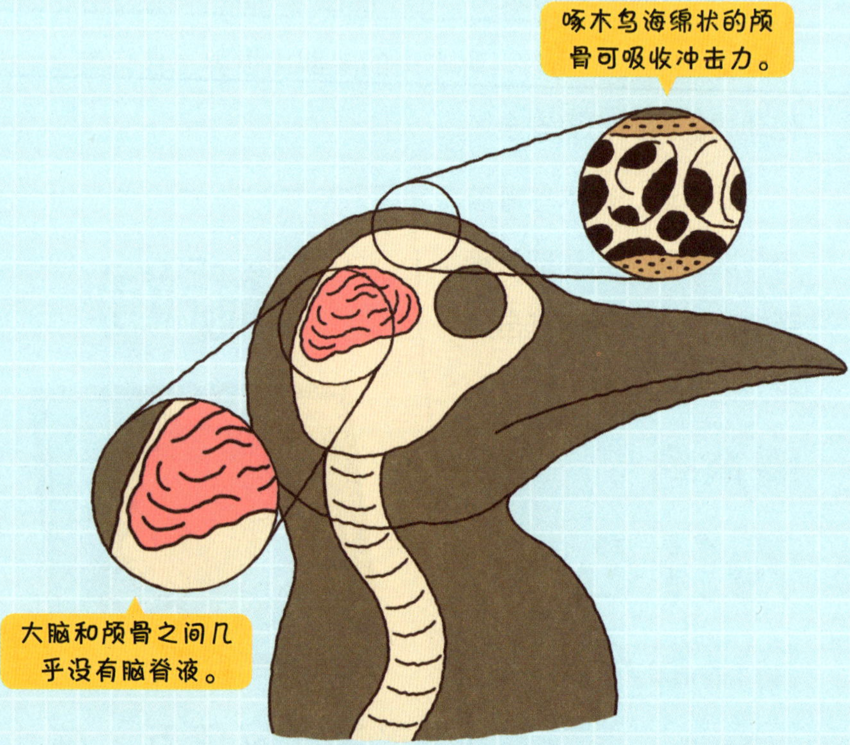

此外，啄木鸟的舌头几乎与身体一样长，它像一条安全带一样，将大脑牢牢地固定住，进一步削弱了敲击木头时产生的冲击力，避免啄木鸟得脑震荡。

除了施瓦布教授，还有其他科学家对啄木鸟进行了研究。

最新研究发现，啄木鸟的颅骨和大脑之间几乎没有脑脊液，因而最大限度地降低了其在啄木过程中因脑脊液的惯性造成的伤害。

中国科学家观察发现，啄木鸟的上下喙并不等长，这种结构可以将冲击力传导至身体的下半部分，从而减少大脑受到的冲击。

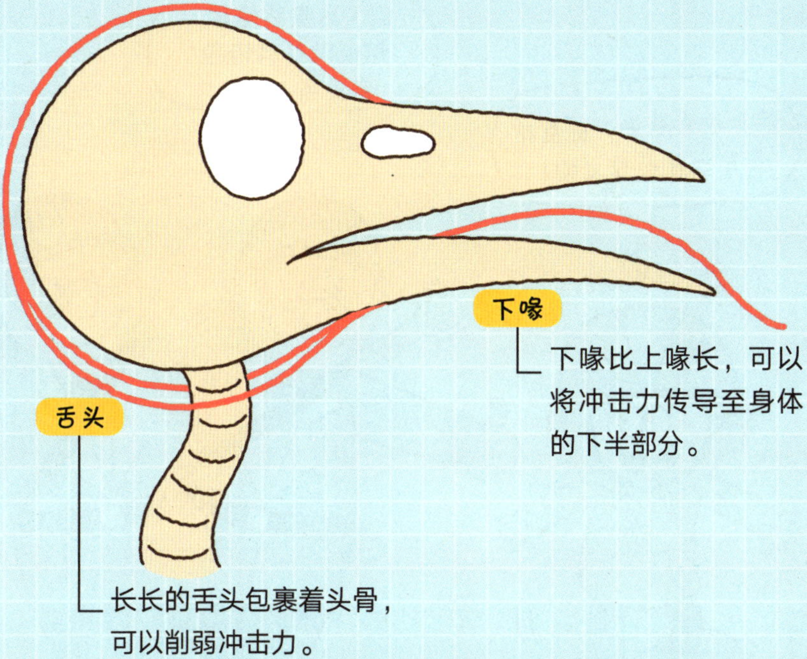

2011 年，美国加利福尼亚大学伯克利分校的尹相熙博士**仿照啄木鸟的大脑结构，给军用电子设备设计了一个金属外壳，**并模仿啄木鸟颅骨的海绵结构，把直径为微米级别的晶粒填充到了金属外壳和电子设备之间的空间中。这样的一层晶粒所能承受的冲击力甚至比啄木鸟的颅骨还要大，因此能够有效保护昂贵的军用电子设备！

这项技术还可应用于人造卫星和宇宙飞船！

8

红色是铜，绿色也是铜？

今天，我和帕托老师一起玩拼图，看谁最先拼出纽约的城市天际线。拼着拼着，我突然产生了一个疑问。

“难道女神像是用绿色的材料制成的？”

帕托老师又否认了我的猜测，他摇着头说：“不是的，

自由女神像

原本不是绿色的，

而是红色的。”

“自由女神像落成于1886年，是法国为庆祝美国建国100周年而建造，赠送给美国的。雕像的外皮是铜，所以它最初是红色的。”

“那它现在怎么变成绿色的了？”

“铜在空气中久置会逐渐变绿，所以自由女神像才会呈现出绿色。”

“因为铜的这种特性，瑞典的一个小城还发生过居民头发变绿的事情呢。”

“哇，这么神奇！”

“是的，揭开这个秘密的环境工程师约翰·彼得森还在2012年获得了搞笑诺贝尔化学奖。”

当铁和铜分别邂逅氧气时

在瑞典南部的一个小城里，居民们惊讶地发现自己原本的金发竟然变成了绿色的！

约翰·彼得森经过调查，找到了让头发变色的元凶。原来是热水剥离了水管中的铜，当人们用溶解了铜的水洗头时，头发就被染成了绿色。由于当地居民原本的发色较浅，因此染色比较明显。

除了能让头发变绿，铜还有其他本领，让我给大家讲一讲吧！

很久以前，人类就开始使用铜，直到今天，铜依旧是我们最常用的金属之一。

铜不仅延展性好、耐腐蚀、使用寿命长，而且导热和导电性能较好，因此常被用于制作管道、电线等。

此外，铜还在某些动物的血液中起着关键作用。

我们知道，人类的血液之所以是红色的，是因为一种叫作“血红蛋白”的物质。血红蛋白负责携带和运输氧气，其中的铁离子氧化时会变成红色，导致我们的血液呈现红色。

铁（Fe）遇到氧气（O_2）变成红色

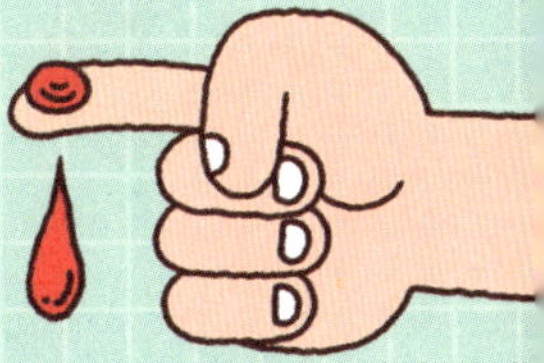

以章鱼为代表的软体动物则不同，它们的血液中负责携带和运输氧气的物质叫作“血蓝蛋白”，其中含有的不是铁离子，而是铜离子。铜离子与氧结合后，血蓝蛋白就会呈现蓝色，血液由此变蓝。

铜（Cu）遇到氧气（O_2）变成蓝色

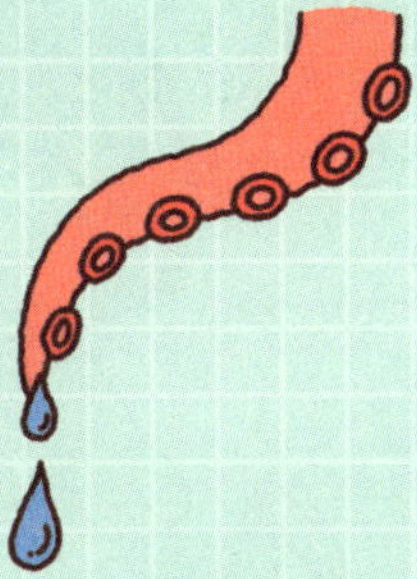

所以，软体动物以及大多数节肢类动物的血液是蓝色的。

9

用口水来清洁文物

每次吃饭，妈妈都会嘱咐我要细嚼慢咽。

“喝粥也要细嚼慢咽吗？”我一脸严肃地问帕托老师。

老师毫不犹豫地答道：“是啊，这样对身体好！”

“唾液可以保护我们不受食物中某些细菌的侵害，而咀嚼的过程可以刺激唾液的分泌。”

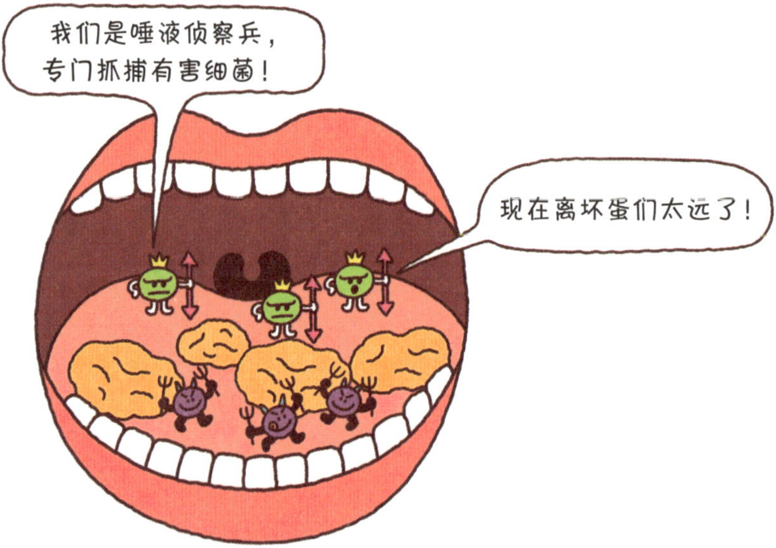

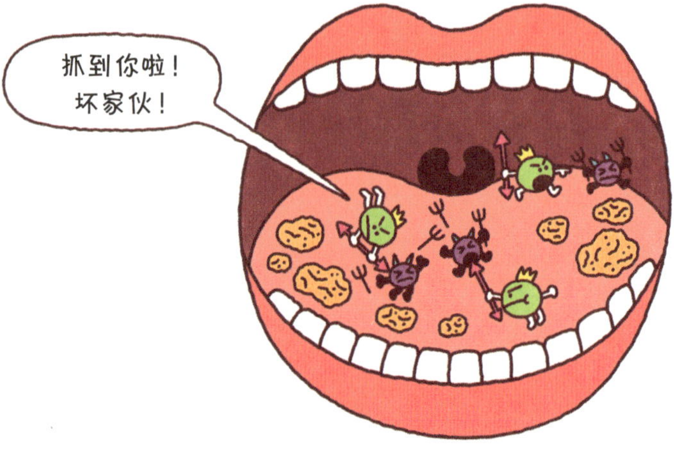

“唾液中含有一种消化酶——唾液淀粉酶，我们只有细嚼慢咽，才能帮助它们与食物均匀混合，从而更好地发挥消化作用。”

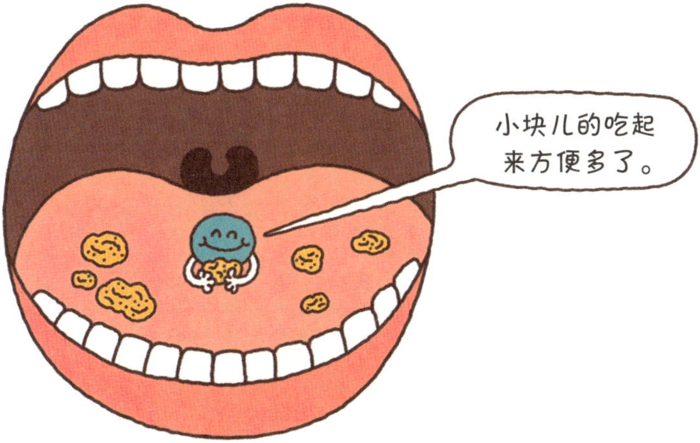

“原来唾液还有这些作用啊，妈妈的唠叨果然有道理！”我点点头说。

“唾液的作用可不止这些。”帕托老师接着说，“葡萄牙的两位博物馆管理员使用唾液清洁文物，还因此获得了搞笑诺贝尔化学奖呢。”

唾液的妙用

唾液本身没有细菌，也没有味道。但是在口腔中生活着很多微生物，它们和唾液混合后会散发出特有的味道，所以我们才会觉得唾液很脏。其实唾液有很多用处，不仅可以软化食物，使其便于吞咽，唾液中含有的淀粉酶还能分解碳水化合物，帮助消化。另外，唾液还具有杀菌和保持口腔清洁的功能。

正因为唾液具有清洁功能，很多博物馆的文物修复人员才会用唾液去擦拭有污垢的古画或旧陶瓷。但这一做法遭到了人们的质疑。

因此，葡萄牙的博物馆管理员们想通过科学实验，验证究竟是清洁剂更有效，还是唾液更有效。

通过研究，他们得出了唾液更有效的结论，还因此获得了搞笑诺贝尔化学奖。唾液之所以更有效，原因在于文物上污垢的成分。文物跨越成百上千年的历史，表面沉积了大量的谷物粉末、花粉，以及油脂和尘埃颗粒。

而唾液淀粉酶正好能有效分解这些污垢。

清洁文物对唾液来说是小菜一碟！

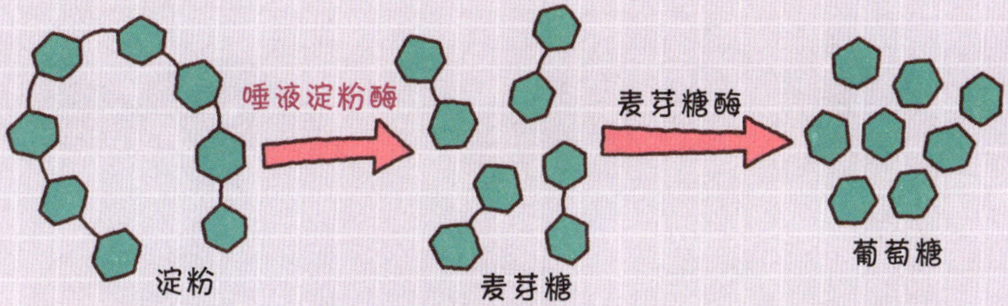

在人体内，唾液淀粉酶将淀粉分解成麦芽糖，然后麦芽糖被小肠中的消化酶（麦芽糖酶）转化为葡萄糖，从而为人体提供能量。在文物上，堆积了上千年的谷物粉末被唾液淀粉酶分解成麦芽糖，然后就很容易被擦拭掉了。

其实很多国家的人都会用唾液清洁物体。比如在韩国，以前的擦鞋匠会用唾液擦皮鞋，当时的客人可不会追问擦鞋匠为什么往自己的鞋上吐口水。就算不知道唾液淀粉酶，也总该知道

唾液具有清洁功能吧！

10 潜艇上的蟑螂被消灭了吗？

就在昨天，这世界上我最讨厌的生物，竟然活生生地出现在我眼前！

“老师，请帮我把蟑螂都消灭掉吧！”我跑到帕托老师面前央求他。

老师皱起眉头，陷入了沉思。

“所以恐龙灭绝了，许多动植物也在冰河期灭绝了，蟑螂却从几亿年前一直存活至今。”

“我们真的拿蟑螂一点儿办法都没有吗？”我忍不住哭丧着脸问。

老师见状扑哧一笑，说道：“美国海军的一个研究团队，

找到了一种可以消灭潜艇上的蟑螂的有效配方。”

“该团队发现，含敌敌畏成分的杀虫剂可以有效消灭蟑螂。这个发现让他们获得了 2021 年的搞笑诺贝尔昆虫学奖。”

“我现在就去买！”

我正要出去，老师却抓住我，说：“可是有个问题。”

“什么问题？”

“敌敌畏对人体也有害。”

杀虫剂最终去了哪里？

虽然敌敌畏这种成分对消灭蟑螂很有效，但能否使用敌敌畏却因国家而异。

比如，欧盟已经禁止使用含有敌敌畏的杀虫剂。在韩国，敌敌畏可以被用来制作苍蝇、蚊子的杀虫剂或农药，但销售高浓度的敌敌畏仍然是被严格禁止的。而在我国，敌敌畏的使用受到国家的限制和监管，但并未被完全禁止。

除敌敌畏外，还有很多种类的杀虫剂。

为了除掉害虫和杂草，人们将杀虫剂喷洒在田地里、果园里和山林中。其中的有害成分不可避免地残留在了粮食、蔬菜和水果中。那么，粮食、蔬菜和水果会进入谁的肚子里呢？

杀虫剂会渗入土壤，不仅污染地下水，还能随着雨水流入江河湖泊。这些水被牛、鸡、鱼喝掉，然后牛、鸡和鱼又会被谁吃掉呢？

我们喝的水又是从哪里来的呢？

科学家们通过研究制造出了杀虫剂。多亏了它，农民才可以更高效地除掉害虫和杂草。但是与此同时，杀虫剂也会破坏生态环境，威胁人类的生命健康。

意识到这些后，科学家们又迎来了一个新的挑战：

如何制造出对生态系统无害的杀虫剂？

大家好奇的术语

玻璃纤维（第 30 页）

用熔融的玻璃制成的极细的纤维，具有绝缘性好、耐热性强、抗腐蚀性好、机械强度高等特点，主要应用于电子、交通和建筑领域，可制成过滤器。

活性炭（第 30 页）

将木材等原料通过干馏得到的产物，在水蒸气或真空下加热处理活化后得到的多孔炭。它可以吸附空气中的有害气体和异味，还可以用来净化水质。

硼酸（第 80 页）

一种没有味道的白色粉末。蟑螂或蚂蚁食入硼酸后，会因代谢系统紊乱而死，所以硼酸常被用于除虫。另外，硼酸还具有杀菌功能，可用于制作防腐剂和杀菌剂。

大家好奇的人物

巴克·韦默

（第27页）

巴克·韦默是为妻子制作防臭屁内裤的发明家，也是美国一家内衣公司的总经理。韦默将自己的发明量产后推向市场，不仅帮助了妻子，还帮助了其他有需要的人。多亏了他，人们在工作场所、飞机上都可以无所顾忌地放屁了。

伊万·施瓦布

（第53页）

伊万·施瓦布是美国加利福尼亚大学戴维斯分校的鸟类学家，主要研究生理学和光学。他曾因模仿啄木鸟敲击木头而晕倒，最终凭借不懈的努力和别具一格的研究方式，获得了搞笑诺贝尔奖。他戴着啄木鸟帽子参加颁奖典礼，成了现场的焦点。

约翰·彼得森

（第60页）

约翰·彼得森是瑞典环境工程师。他发现了瑞典南部城市安德斯洛夫的居民头发从金色变成绿色的原因。据说，彼得森为表示对搞笑诺贝尔奖评委的感谢，特意把胡子染成绿色后出席了颁奖典礼。只不过他使用的染剂不是铜，而是菠菜。

搞笑诺贝尔

科学篇 生物

好奇心工作室 / 著

中国出版集团有限公司
China Publishing Group Co., Ltd.
现代出版社

你喜欢科学吗？

提起科学，肯定有很多人喜欢，但也有一些小朋友想到科学就头疼。毕竟，科学看起来那么复杂，有那么多公式，还有一大堆需要背诵、记忆的东西！但是在这本书里，大家完全不需要有这种担心。请放松心情，跟随“我”和帕托老师，一起走进看似荒诞、实则严谨的趣味科学世界吧！

本书从历届搞笑诺贝尔奖的获奖研究中，选出了10个生物领域的研究。这些“乍看之下令人发笑，细思之后发人深省”的研究，会让大家笑着笑着就对生物产生兴趣，读着读着兴许还会萌生成为动物或植物学家的念头呢！

你知道搞笑诺贝尔奖吗？

搞笑诺贝尔奖设立于 1991 年，由科学幽默杂志《不可思议研究年鉴》创办，奖项涉及物理、化学、医学、数学、生物、和平等多个领域，旨在提高人们对科学的关注度，激发人们对科学的兴趣。

获得搞笑诺贝尔奖的研究常常出人意料，有的甚至令人无语。但也正是这些不可思议的科学研究，会让人们发出“原来科学这么有趣啊！”或者“原来科学就藏在我们的生活中啊！”这样的感叹。在搞笑诺贝尔奖的颁奖典礼海报上，罗丹的作品《思想者》从坐着思考变成了躺在地上思考，其目的就在于强调“转变思维”的重要性。

那么，现在就让我们用这本书打破思维定式，开启怪诞离奇的科学视角吧！

目录

搞笑二人组

帕托老师

一位行为举止匪夷所思，
常常异想天开，
但对待科学始终
保持严谨态度的
奇葩老师。

我

一名四年级小学生。
爱管闲事，
性格坦率，好奇心强，
行动力无敌！

1

哪个部位被蜜蜂蜇到最疼？

今天，公园里的郁金香庆典正式开幕啦！

我最喜欢郁金香了。一大早，我就和帕托老师来到了这里。花儿赏心悦目，不过，有一只蜜蜂一直在老师身边徘徊。

“哎呀，被蜜蜂蜇了，这可怎么办？”看到老师被蜇伤，我惊慌地大喊。

帕托老师却镇定自若地从口袋里掏出了公交卡。

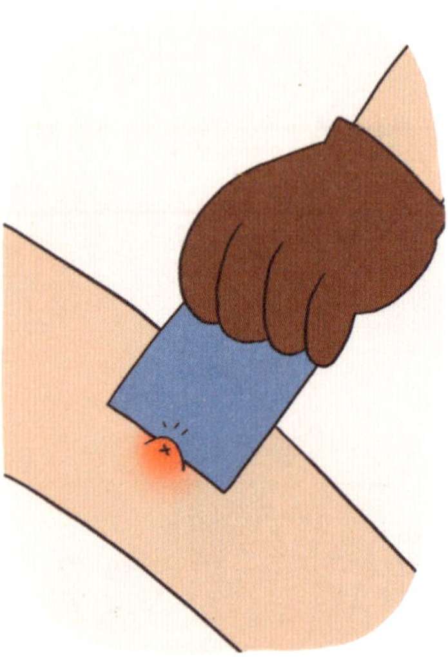

用公交卡之类的东西压住伤口周围的皮肤，慢慢挤出蜂刺！记住，绝对不能用手去拔！

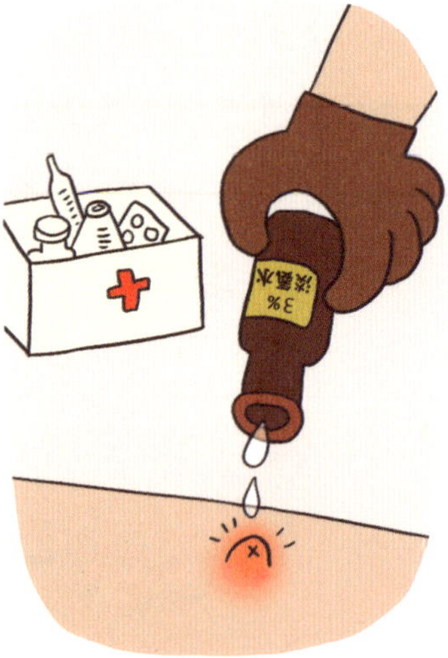

然后用淡氨水冲洗伤口，以中和蜂毒。

老师冷静地处理完蜇伤后，咧嘴笑着说：“幸好没蜇到鼻孔！”

“鼻孔？为什么突然提到鼻孔？”我不解地问。

“你知道被蜜蜂蜇到哪个部位最疼吗？”

我马上反应过来：“莫非是鼻孔？”

“没错！美国一位昆虫学家让蜜蜂蜇了自己身体的多个部位，并用 1 ~ 10 分来评价疼痛程度，才得出了这个结论。”

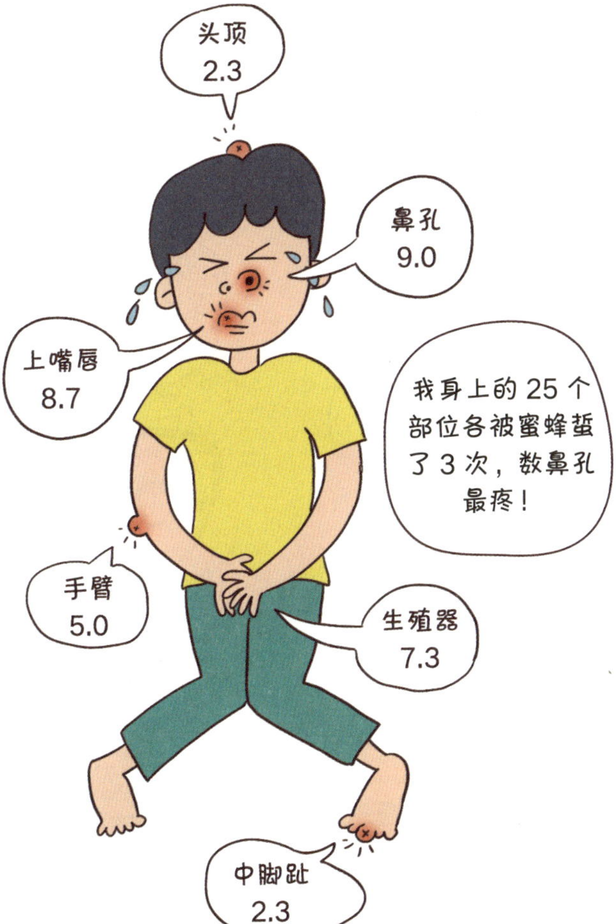

“这么有趣的研究，是不是也获得了搞笑诺贝尔奖呢？”

“没错！这位昆虫学家与另一位做类似研究的科学家共同获得了2015年搞笑诺贝尔生理学及昆虫学奖！”

“另一位科学家也被蜜蜂蜇了吗？”

“是的，而且不止蜜蜂，他一共被78种昆虫叮咬过！*”

---

* 危险实验，切勿随意尝试！

一定要远离的昆虫

美国亚利桑那州立大学的昆虫学家贾斯汀·施密特将红火蚁、黄蜂、沙漠蛛蜂等 78 种咬人昆虫的唾液、螯针放入自己的身体，然后以自身感受为依据，将疼痛程度分为 4 个等级，创造了“施密特叮咬疼痛指数”。

接下来，我们就揭晓排名前三的昆虫吧！

第3名

胡蜂！“它的叮咬就像把盐酸洒在被纸割开的伤口上一样。”

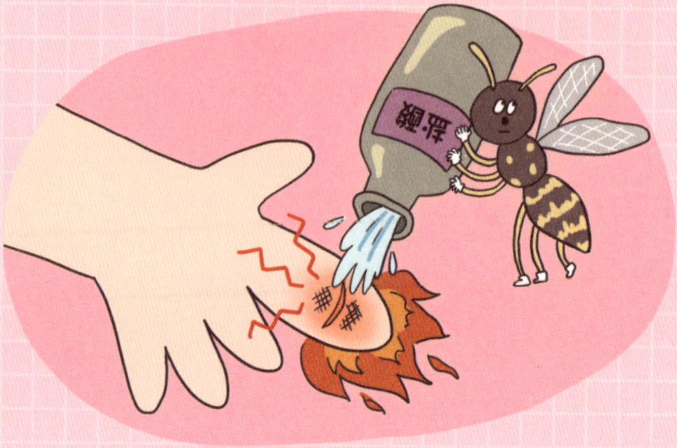

第2名

沙漠蛛蜂！“想象一个通电的吹风机掉进你的浴缸里，沙漠蛛蜂的叮咬就像那种电击的感觉。”

第1名

子弹蚁！“它的叮咬就像是有根 8 厘米长的生锈铁钉扎进脚后跟，然后赤脚在烧红的木炭或石头上行走一样。”

中国虽然没有子弹蚁，却有一种被叮咬后疼痛程度与其相当的红黑细长蚁。

从第 4 位到第 10 位的昆虫都是蚁类或者蜂类。蚂蚁用下颚咬，蜜蜂用屁股蜇，虽然叮咬方式不同，但都能造成明显的疼痛。

造成疼痛的原因是：昆虫在叮咬或蜇刺我们时，将一部分毒液注入了我们的皮肤。

施密特认为，越是能带来剧烈痛感的昆虫，越具有攻击性。有的昆虫甚至还会召集同伴一起发起进攻。

2

昆虫学家们最怕的生物是什么？

夏天到了，天气渐渐热了起来。

我正坐在树荫下乘凉，后背突然感到一丝凉意……

怎么回事？

“你看，蜘蛛都让你吓跑了！”突然冒出来的帕托老师打趣道。

老师说得好像没错，蜘蛛真的消失不见了。

我心有余悸地问道：“老师，蜘蛛不会像蜜蜂一样蜇人，对吧？”

听了我的话，老师点了点头。

“那为什么我还是觉得蜘蛛更恐怖呢？”

“不光你这样觉得！其实很多人都更害怕蜘蛛。”

昆虫学家们最害怕的生物就是蜘蛛！

“真的吗？”

“千真万确！美国昆虫学家理查德·维特做过一项调查，主题就是昆虫学家们最害怕的生物，结果蜘蛛位列第一。这个研究还获得了2020年的搞笑诺贝尔昆虫学奖呢！”

“天天和昆虫打交道的昆虫学家们竟然惧怕蜘蛛！”我惊呼道。

这时，帕托老师冲我摇了摇食指，说：“不，不！蜘蛛可不是昆虫！”

蜘蛛和昆虫究竟有什么区别呢？

像昆虫，但不是昆虫

你是不是把很多小动物都叫成“虫子”呢？其实，你口中的“虫子”并不一定都是昆虫。昆虫都有 6 条腿，比如蚂蚁或蜜蜂。蜈蚣就不属于昆虫，因为蜈蚣的腿比昆虫多得多，它的身体更像蛇或蚯蚓。虽然比起蜈蚣来，蜘蛛更像昆虫，但是它有 8 条腿，比昆虫多两条，因此蜘蛛也不是昆虫。

蜘蛛不同于昆虫的另一个特点：昆虫的身体分为头、胸、腹三部分，而蜘蛛的身体仅由头胸部和腹部两部分构成。

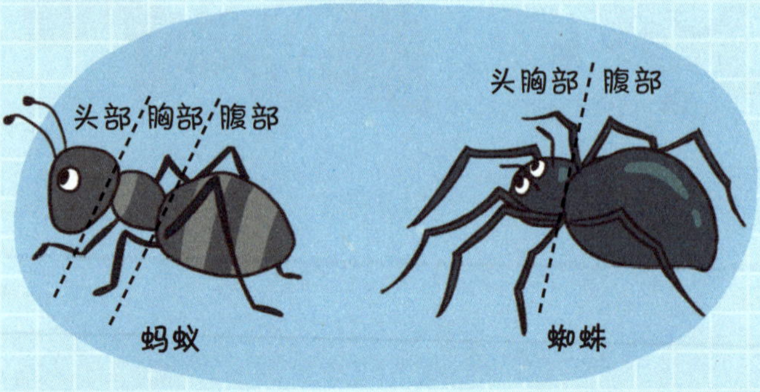

此外，蜘蛛的眼睛也不一样。蚂蚁、蜜蜂等昆虫都拥有一对由很多微小眼睛构成的复眼（复眼看到的世界就像打了马赛克一样）和 3 只单眼，而蜘蛛只有 8 只单眼。

但是如果说蜘蛛和昆虫毫不相干，好像也不对，它们多少有点亲戚关系。

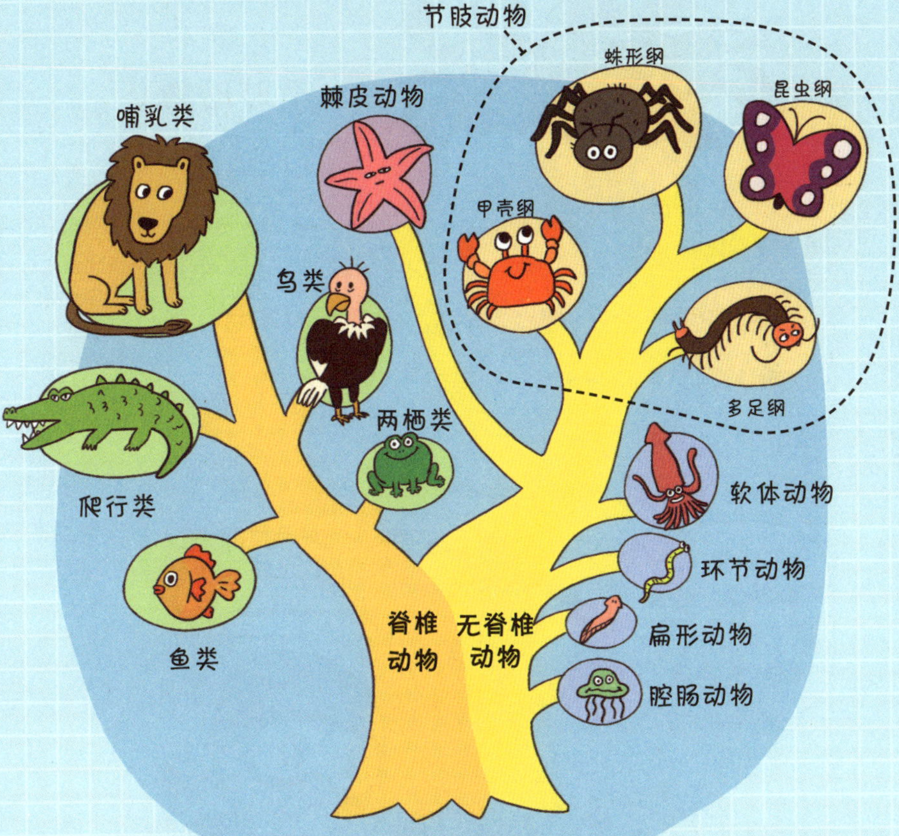

动物的分类

根据有无脊椎，动物可以分为脊椎动物和无脊椎动物两大类。脊椎动物和无脊椎动物又分别包含多个动物类群，无脊椎动物中数量最大的类群是节肢动物，蚂蚁、蜜蜂、蝴蝶等昆虫和蜘蛛都属于这一类群。可见，蜘蛛和昆虫虽然不同，却是近亲。

节肢动物的特点是身体分节，体表还覆盖着能保护自己的硬壳，虾、蟹等甲壳类动物都属于节肢动物。俗话说“虾蟹不分家”，就是因为它们在生物学上是近亲。

3

养猫会影响精神健康？

帕托老师非常喜欢猫。每次在路上偶遇流浪猫，他都会蹲下来逗一逗。

今天，我第一次见到了老师养的猫。

虽然是初次见面，但老师的猫好像很喜欢我，不停地在我身上蹭来蹭去。

我也很喜欢这只猫，于是轻轻地抚摸着它的背，直到它发出“呼噜呼噜”的声音。

没想到帕托老师摆出一副吃醋的表情，说：“你知道吗？它身上有跳蚤！”

我吓得赶紧缩回了手。

老师接着说："而且如果被猫咬伤，还有可能患上精神疾病。"

我越听越害怕，赶紧往后撤了撤身子。

看到我的反应，老师露出了满意的笑容，俨然一副诡计得逞的样子。

“被猫咬伤后，怎么会得精神疾病呢？”我忍不住问道。

“猫体内有一种名为‘弓形虫’的寄生虫。有研究称，弓形虫进入人体后可引发抑郁症、焦虑症等精神疾病。这项研究还在 2014 年获得了搞笑诺贝尔公共卫生奖呢。”老师一边说着，一边向猫伸出了手，然后猫咪亲昵地凑了上去。

弓形虫和精神控制

弓形虫是一种寄生虫，只能在猫的体内完成有性繁殖。下面就让我们一起看看弓形虫是如何繁殖的吧。

如果感染了弓形虫，猫的粪便中就会有弓形虫的卵囊。卵囊一旦被老鼠或其他动物吞下，就会在它们体内进一步发育、孵化。若这时该动物恰巧又被猫捕食了，弓形虫就会在猫的体内繁殖，产出的卵囊又会随着猫的粪便排出。

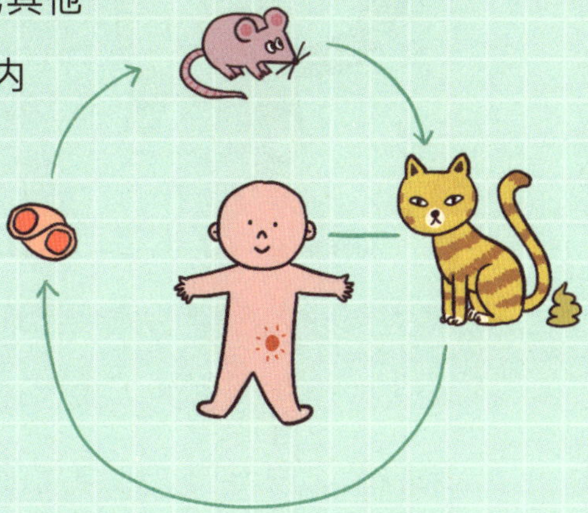

只能在猫体内进行有性繁殖，这也太神奇了吧！

弓形虫之所以可怕，是因为它有一定的“精神控制”能力。感染了弓形虫的老鼠，会主动来到猫的面前“挑衅”，仿佛对猫的恐惧完全消失了一样！

如果接触了携带弓形虫的猫，人也可能感染。虽然大部分人感染后只会出现轻微的感冒症状，但对于病人或免疫力低的人来说还是有一定风险的。孕妇如果感染了弓形虫，很有可能会流产或造成胎儿发育异常，所以尤其要小心。

美国科学家大卫·哈瑙尔等人发现，在被猫咬过的人中，有高达 41.3% 的人患有忧郁症。美国科学家并没有指出这一结果与弓形虫有关，但是一同获奖的捷克科学家雅罗斯拉夫·弗莱格尔认为，弓形虫就是背后的罪魁祸首。

弗莱格尔认为，寄生虫不仅会占领宿主的大脑，还会改变宿主的人格和行为，让他们疯狂“作死”，进而诱发事故甚至导致自杀。事实上，弗莱格尔的结论不太具有说服力，但搞笑诺贝尔奖委员会还是将公共卫生奖颁给了他。

还有，我一开始说的话是吓唬你的。被猫咬伤后不会得精神疾病，因为猫的唾液里不含弓形虫。只要及时清洁伤口、打狂犬疫苗，就不会有危险。

什么情况下会感染弓形虫呢？

幸运的是，宠物猫一般不会感染弓形虫，因为它们只吃主人投喂的食物。

其实我们真正需要警惕的是猫毛过敏。

对猫毛过敏的人在接触猫之后，可能出现打喷嚏、起疹子、呼吸困难等症状。所以，养猫之前一定要确认自己对猫毛不过敏。

4

为什么要给奶牛起名字？

太棒啦！明天就要和帕托老师去露营了！

现在，我们正在超市为明天的露营采购食物呢！

老师开始往购物车里装食物。我发现，他挑选的都是外包装上有绿色贴纸的食品。

贴纸上写着“动物福利”。

“动物福利是什么？”我问。

动物福利

一种环境管理理念及饲养模式，旨在维持动物的健康与安乐，使其免受痛苦。

“虽然人类饲养猪、牛、鸡等动物是为了日后食用，这些动物最终的命运是死亡。但在此之前，它们有权在清洁、舒适的环境中快乐地生活，并得到相应的保护。”

你知道吗？相比没有名字的奶牛，**有名字的奶牛能产出更多的牛奶。**

“这是一项动物福利研究的发现，该研究于 2009 年获得了搞笑诺贝尔兽医奖。”

听了帕托老师的话，我对动物福利更加好奇了。

哇！快给我讲讲，叫奶牛名字的时候，究竟会发生哪些不可思议的事？

动物也需要福利

长久以来，人类对动物的认知存在极大的局限，就连著名的法国哲学家笛卡尔都认为动物没有情感。

笛卡尔生活在 17 世纪，有这样的认知情有可原，但是如今还有很多人认为动物没有思想或情感，就真的令人难以接受了。最新研究表明，动物们的思想很复杂，情感也很丰富。有名字的奶牛比没有名字的奶牛产奶量更高，就是一个很有说服力的例子。

英国纽卡斯尔大学的科学家对 516 个牧场进行了调查，其中有给奶牛起名的牧场，也有不给奶牛起名的牧场。调查结果显示，这些牧场的牛奶产量存在惊人的差异。一头没有名字的奶牛每年的平均产奶量为 7500 升，而有名字的奶牛年均产奶量则比其多了 258 升！

给奶牛起名，会让它成为世界上独一无二的存在。只要给动物起了名字，我们就会用名字去呼唤它，就像呼唤朋友一样。奶牛玛丽听到自己的名字时，会像小狗一样开心地跑过来。正因为心情好、压力小，玛丽才能产出更多的牛奶。

有些人反对饲养动物，认为以吃肉为目的的饲养行为本身就有违动物福利。但是人类属于杂食性动物，很多科学家认为，只有吃肉才能保证必要的蛋白质摄入。

近几年，有些科学家开始研究“人造肉”（又名培养肉、合成肉），就是利用细胞在实验室里培养人类所需的肉类。

如果成功制造出人造肉的话，就没必要再去宰杀动物了吧？

5

从粪便里提取出的咖啡

帕托老师绝对是个咖啡控！早晨喝咖啡，中午喝咖啡……但今天是怎么了？

“我怎么可能喝松鼠屎呢？这只是咖啡的名字而已。不过还真的有从粪便里提取出的咖啡。”

“从粪便里提取咖啡？”我惊讶地问。

“这种猫屎咖啡价格不菲，原本只有少数人能喝到，后来在经营咖啡公司的约翰·马丁内斯的普及下才变得家喻户晓。马丁内斯也因此获得了1995年的搞笑诺贝尔营养学奖。”

猫屎咖啡品鉴会
——约翰·马丁内斯
马丁内斯通过猫屎咖啡启发我们更深入地研究生物的消化系统。
没错！我对粪便更感兴趣了。
粪便的用处好像真的很多！
你想听听我关于粪便的研究吗？

“那年的搞笑诺贝尔颁奖典礼上全是关于粪便的故事！”

听到帕托老师的话，我大笑着说：“看来科学家们真的对粪便情有独钟！”

老师却继续一脸严肃地说：“除此之外，还有其他获得搞笑诺贝尔奖的粪便研究哦！”

获奖粪便大集合

普通人都认为粪便很脏，所以很少考虑其用途，最多只能想到把粪便用作肥料。但科学家不同，

很多科学家对粪便情有独钟！

比如，日本科学家山本麻由使用高温水从牛粪中萃取出了香草精。这种物质原本只能从珍贵的香草荚中提取，价格高昂。相比之下，牛粪自然便宜多了！

山本麻由因此获得了 2007 年的搞笑诺贝尔化学奖。

但是，几乎没人愿意使用从牛粪中萃取出的香草精。不仅食品公司，就连制作芳香剂、洗发水、蜡烛的公司都不愿意使用它。

西班牙科学家利用从婴儿粪便中提取的益生菌制作出了发酵香肠，并于 2014 年获得了搞笑诺贝尔营养学奖。

作为发酵香肠，虽然意大利萨拉米香肠和西班牙辣香肠都非常好吃，但是用从婴儿粪便中提取的益生菌做成的香肠更加稀有。

另外，还有关于澳大利亚袋熊粪便的研究。美国佐治亚理工学院的研究人员找到了袋熊排出方形粪便的原因，并获得了 2019 年的搞笑诺贝尔物理学奖。

由于袋熊的肠道结构比较特别，其吸收食物中的营养和水分的时间比人类肠道要多出 10 倍。在袋熊肠道压缩和脱水的过程中，排泄物变得越来越干燥，最终变成立方体的形状。

袋熊的视力很差，但是嗅觉非常灵敏。方形粪便不易滚动，更容易固定在光秃秃的岩石或树枝上，从而起到标记领地的作用。

6

一直掰手指会得关节炎吗？

我虽然不知道帕托老师的年龄，但直觉告诉我他没有我爸爸年轻。

我之所以会这么认为，是因为……

从健身器材上下来后，我们决定坐在长椅上休息一会儿。

我看到帕托老师来回掰他的手指，发出“咔咔”的声音，忍不住说：“老师，您膝关节本来就不好，如果总是这样掰手指，手指关节也会出问题的！”

老师惊讶地看着我，说：“哇，你竟然知道关节？”

我略带骄傲地说：“当然啦！我可是跟老师学习科学的孩子啊！”说完，我就一本正经地介绍起关节来。

我还自信满满地提到了关节炎。

最后，我又补充道：

“谁说的？不是我妈妈就是我奶奶……”被老师一问，我突然有些不确定。

见我有些动摇，帕托老师说：“美国医学博士唐纳德·昂格尔通过数十年的亲身实验，证明了掰手指不会引发关节炎，并因此获得了2009年的搞笑诺贝尔医学奖。”

“啊！这么说，是我搞错了吗？”

“没关系，从现在开始弄明白就行了！”

掰手指的真相

昂格尔博士也是从小听着“掰手指会得关节炎”这样的话长大的，但他偏偏不信，于是花了 50 年时间每天掰手指。

从 1948 年到 1998 年，昂格尔至少掰了 36500 次左手。如果说掰手指会引发关节炎，那么昂格尔肯定逃不过。

但是，昂格尔博士做了包括 X 光在内的各项检查，结果证明，他完全没有患关节炎的迹象。至少在他身上，掰手指和关节炎之间没有任何关系。

2011 年，一项新的研究招募了 215 名成年人，进行了为期 5 年的实验。但结果还是一样：没有发现掰手指和关节炎之间存在必然联系。

事实上，掰手指时发出的声响并不是骨头的撞击声。那么，这个声响到底是怎么发出的呢？

科学家们利用更先进的仪器观察了掰手指时关节的变化，最终将发出声响的可能原因缩小到了两个。

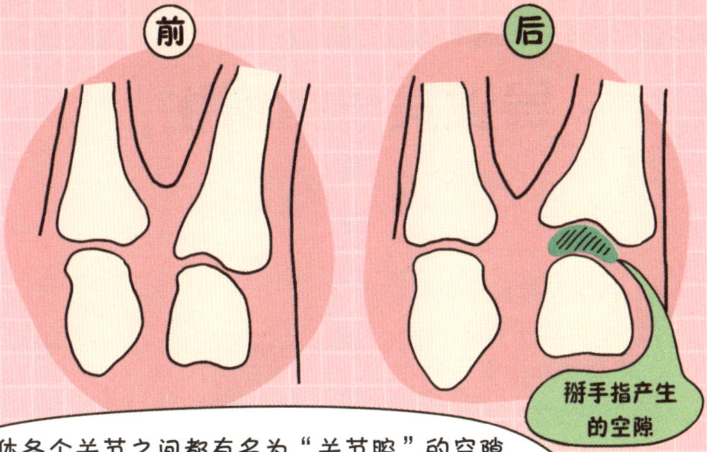

人体各个关节之间都有名为“关节腔”的空隙，里面充满了润滑关节的液体。当人们拉扯或掰手指时，关节腔内的滑液里就会产生气泡。

猜想 1

气泡产生，发出声响。

猜想 2

气泡破裂，发出声响。

但是由于气泡非常小，就连目前最先进的机器都很难捕捉到它们的形成和破裂过程，所以我们很难判断哪个猜想正确。

但是，经常掰手指可能会刺激韧带和关节囊，导致其异常增生，使关节变粗。

7

伦敦出租车司机的大脑

帕托老师和我都是足球迷，我们常常一起观看英超联赛。

有一次中场休息，电视里出现了伦敦街景，我突然发现了一个奇怪的现象……

“老师，伦敦的出租车都是黑色的吗？”

“是的，所以伦敦的出租车又叫‘黑的’。”说完，帕托老师紧接着问，“你知道在伦敦，要想成为黑的司机有多难吗？”

这我怎么可能知道嘛！

还没等我回答，老师就给出了答案：“他们必须记住伦敦的25000条道路和320条行车路线！”

“伦敦的出租车当然也有导航系统。只不过，在这座拥有两千年历史的城市里，窄路、单行道和‘断头路’都非常多，道路网络复杂到能让导航失灵。所以在伦敦，要想通过出租车司机测试，申请者们起码要骑摩托车或自行车在市内转悠两年。”

“真叫人头大！”

听了我的话，帕托老师笑着说：“放心，头大不了！只有海马体会变大！”

海马体是大脑中负责**学习、记忆和空间定位等功能**的区域。关于伦敦出租车司机海马体变大的研究于 2003 年获得了搞笑诺贝尔医学奖。他们的海马体为什么会变大呢？让我们一起去了解一下吧！

海马体和记忆

海马体究竟是什么？它其实是大脑的一部分，因形状和海马相似而得名。它的外文名 Hippocampus 也有海马的意思。

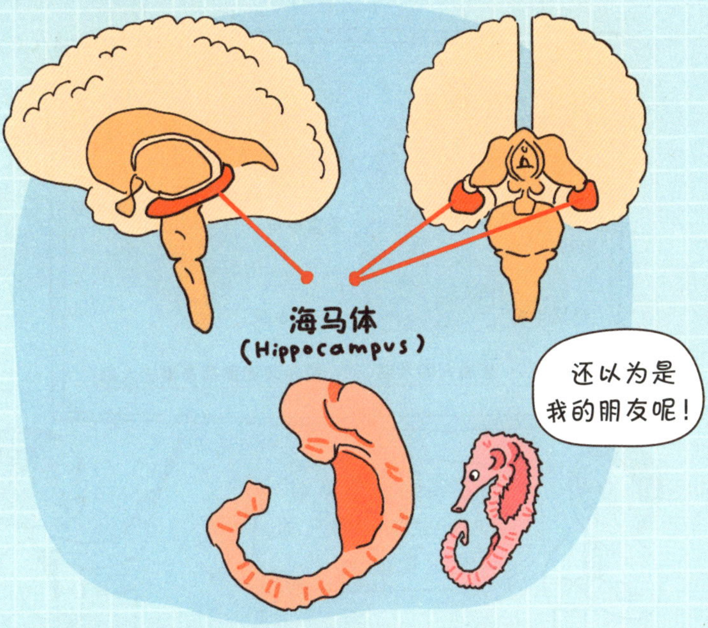

和海里的海马长得很像吧？

海马体位于大脑颞叶内侧，左右脑半球各有一个，每个长约 5 厘米。

海马体是大脑中负责处理学习和记忆的区域。我们今天读到的这本书的内容就会被保存在海马体中，经过处理后被转移到大脑深处长久保存。

事实上，海马体的作用是在一次偶然事件中被发现的。1957年，为了治疗一名病人的癫痫，医生摘除了他的海马体及周围的部分大脑。结果，这名病人的病情虽然有所好转，却再也无法形成新的长时记忆。这个发现促使医生们开始研究海马体与记忆的关系。

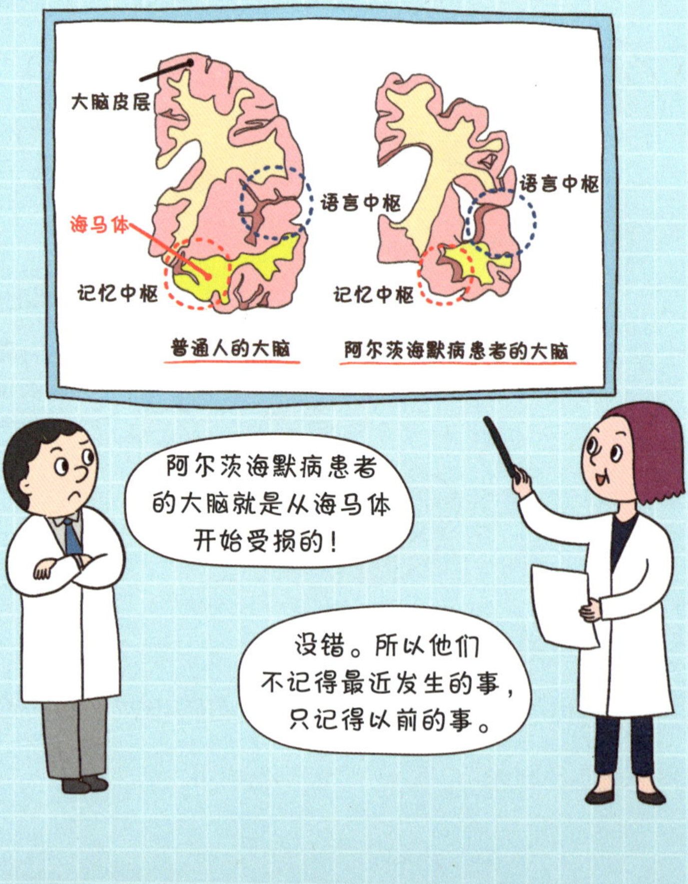

海马体一旦受损，我们的学习能力就会下降，并且无法形成新的长时记忆。不仅如此，海马体还非常敏感。人在压力大或高度紧张的情况下，记忆很容易变模糊，这是因为压力荷尔蒙（即皮质醇）会妨碍海马体的功能。正因如此，抑郁症患者的海马体才会萎缩，但只要病情好转，他们的海马体还能恢复到正常大小。

大脑内负责学习和记忆的**海马体**，会随着训练**变大**，或因为疾病和衰老**变小**。

研究发现，那些记住伦敦复杂的道路网的出租车司机，海马体都变大了。如果我们像他们一样锻炼记忆力，我们的海马体也会变得更强大，进而变得越来越擅长记忆。

8

通过放屁来沟通的鱼

你知道图形标志吗?

今天，我们在学校学习了图形标志，这是一类用来表示某些事物、设施、行为的图形。

放学后，我去了帕托老师家，他又给我展示了其他国家的图形标志。

当看到各国的卫生间标志时，我忍不住哈哈大笑起来。

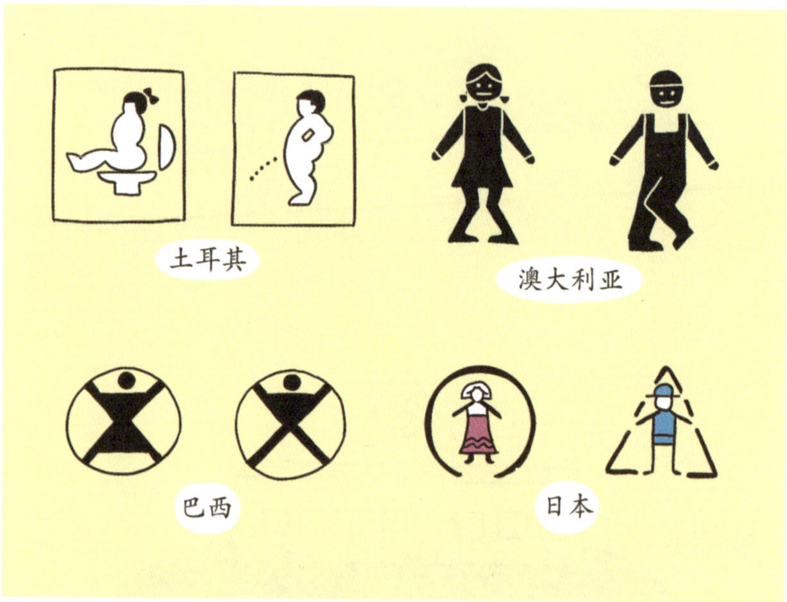

突然，有一张图形标志引起了我的注意。

“如果有人对我说‘禁止放屁’，我肯定会不开心。但看到传达同样意思的图形标志，反倒会忍俊不禁。”我笑着说。

“对吧？除语言和文字之外，我们还可以通过图形进行沟通。这样的方式虽然直接，却更容易让人接受！”

听了帕托老师的话，我点了点头问道：“只有人类能用各种不同的方式来沟通吧？”

老师摇了摇头，说：“不是这样的，动物也有多种沟通方式！比如，鲱鱼能通过放屁来沟通。”

放屁也是一种沟通方式？

来自加拿大、英国、丹麦、瑞典的研究人员发现，鲱鱼靠放屁来沟通。

“这个发现还获得了 2004 年的搞笑诺贝尔生物学奖。”帕托老师说。

“原来鲱鱼的屁就相当于语言啊！”

“没错！”

动物靠什么沟通？

鲱鱼靠屁来沟通，听起来不可思议，但事实确实如此！

鲱鱼会从肛门喷出气体，向同伴传递自己的位置信息。鲱鱼的屁声频率很高，大多数时候超出了人类的听力范围。

除了鲱鱼，很多鱼类都是通过鱼鳔振动发出的声波来沟通的。

昆虫又是如何沟通的呢？

蚂蚁会释放一种叫作“信息素”的物质，向同伴传递信号。

蜜蜂通过跳舞与同伴沟通。它们左右摇摆地跳着“8”字舞，其实是在告知同伴蜜源的位置和距离！

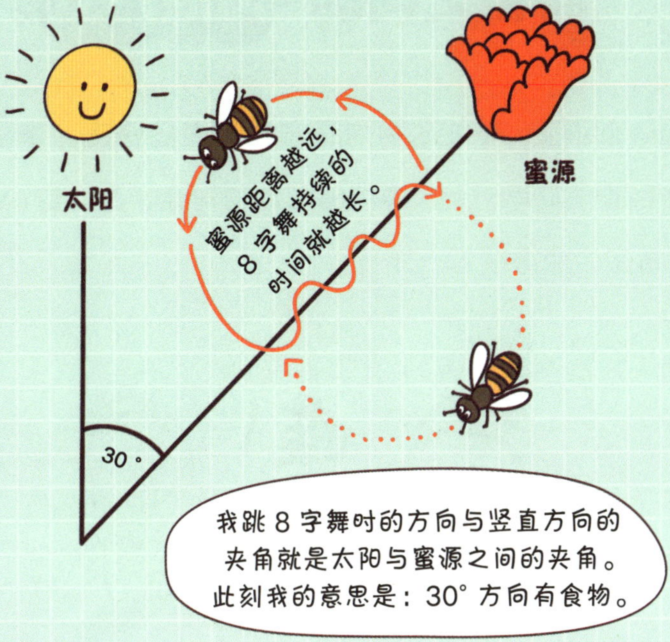

提到动物间的沟通，自然少不了鲸类。与鱼类和昆虫相比，鲸类的大脑更高级，它们的沟通方式也更复杂。鲸类发出的声波可以传播几千公里。即使是相同种类的鲸，栖息地不同，发出的声音也不一样。这就好比人类社会中的各种方言。

科学家们一直在努力研究各种动物之间的沟通方式。

目前，有关动物沟通方式的很多秘密尚未揭开，但是假如有一天人类能够和动物对话，那么这个世界肯定会变得很不一样！

9

男人为什么长胡子？

每天早晨，爸爸都会在脸上涂满泡沫，然后对着镜子刮胡子。看到爸爸刮完胡子后变得精神帅气的样子，我也想快快长大。但是，每当他刮破脸时，我的想法又会动摇。

“老师，我长大后也会长胡子吗？”

帕托老师正在读书，敷衍地回答道：“应该会吧。”

“那是不是也要刮胡子？”

“嗯，是的。”老师漫不经心地说。

“你也可以不刮！只是有点不方便而已。”

我皱了皱眉，心中充满了疑惑：

男人为什么会长胡子？

“我实在不明白为什么会长胡子！刮胡子可能会受伤，不刮的话又很脏、很不方便！”

听到我的抱怨，帕托老师合上书笑着说：“你提出了一个很了不起的问题！”

“什么？”

“这是2021年搞笑诺贝尔和平奖得主研究过的问题。”

我竟然和搞笑诺贝尔的获奖者提出了相同的问题，这让我不禁喜形于色，但很快我就再次皱起了眉头。

守护和平的胡子

人的身上有很多毛发，汗毛不会一直生长，但头发却会不断变长，男人的胡子也是。那么为什么头发和胡子能一直生长呢？

一直以来，人们对于头发的用途争论不休，但头发的保温和防晒功能是毋庸置疑的。设想一下，如果没有头发，我们的头皮冬天肯定会很冷，夏天肯定会很热。但有了头发的保护，就不用担心这些问题啦。

胡子则不同。它御寒和防晒的作用不大，反倒在吃饭的时候碍事得很！于是，以美国犹他大学的大卫·卡里尔教授为首的研究小组，开始研究男性长胡子的原因。他们提出了一个有趣的假设。

假设

男人长胡子的原因之一，是为了保护脸部免受拳头的伤害。

相对女性而言，男性普遍肌肉更多，力气更大，更适合打猎和对抗入侵者。卡里尔教授的研究小组认为，男人的胡子也和进化有关，只不过胡子的作用不在于攻击——毕竟胡子没什么攻击力，而在于防御。

研究小组为了证明自己的假设，进行了一项实验。他们用特殊材料模拟人体骨骼，用不同的羊皮——有毛的、剪毛的和拔毛的——模拟人类皮肤，然后对覆盖着不同羊皮的样品进行重击。实验结果如何呢？

有毛的样品比剪毛或拔毛的样品多吸收约37%的冲击力。

以前，东方人和西方人都把胡子视作男人的象征，许多男人甚至会因为胡子少而觉得羞耻。

到了现代，胡子不再被看作男人的象征。留不留胡子取决于个人喜好，喜欢就留，嫌碍事就刮掉。

10

存在不辣的辣椒吗？

我非常喜欢三明治，所以午饭时常常和帕托老师一起吃三明治。

老师每次都会让店员给他加一份辣椒。

墨西哥辣椒原产于墨西哥，听说非常辣。我虽然不爱吃辣，但还是想知道帕托老师喜欢吃的墨西哥辣椒三明治到底是什么味道。

于是，我下定决心对帕托老师说："老师，让我尝一口吧！"

可三明治一入口，我就后悔了。

“好辣！”被辣出眼泪的我问老师，“难道就没有不辣的墨西哥辣椒吗？”

“当然有啦！美国新墨西哥州立大学的辣椒研究所里就有。这个研究所的保罗·波斯兰德教授研究出了一种完全没有辣味的墨西哥辣椒，并凭借这一发明于 1999 年获得了搞笑诺贝尔生物学奖。”

“只是去除了辣味吗？”我问。

老师吃着三明治点了点头。

我好奇地追问：“他是怎么做到的？”

老师咽下一口三明治，不慌不忙地回答道：“通过育种技术实现的。”

“育种技术？那是什么？”

用育种改变味道

所谓育种，就是用人工方法改变动植物原有的遗传特性，从而培育出更优良的新品种。我们现在吃的大部分谷物、水果，乃至饲养的动物，都是经过育种改良的。

比如，原来的西瓜不但皮厚，甜度也一般，通过选择性状优良的植株进行育种，才有了现在皮薄瓤甜的西瓜。

原来的西瓜

现在的西瓜

人类从很久以前就开始育种了。

被南美洲人视为主食的玉米在一万年前长得像小豆荚一样，经过漫长的育种改良，才变成了今天这样颗粒饱满、香甜美味的玉米。

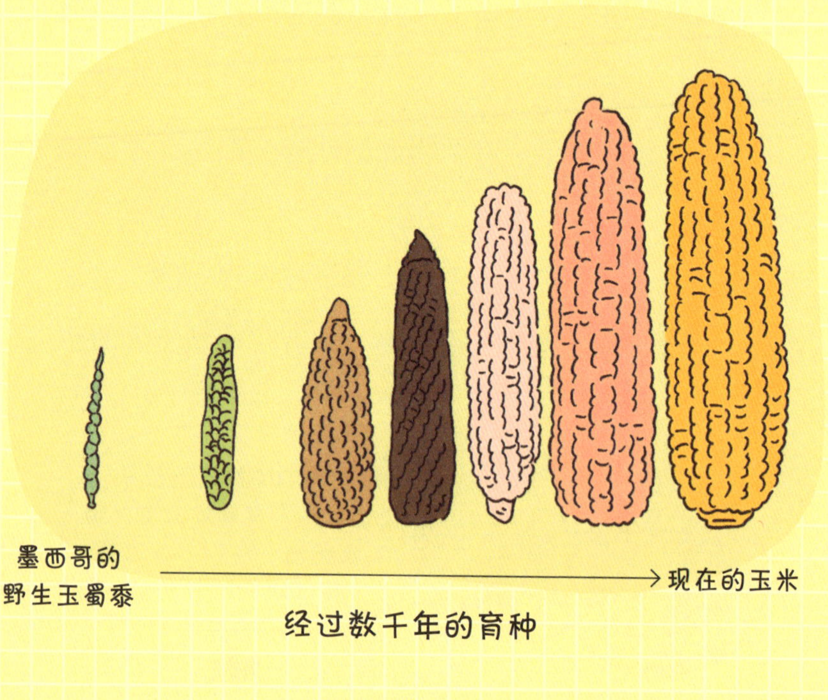

具体是怎么做到的呢？

其实很简单，在一季的收获中选择产量高、味道好的玉米重新种植，这样反复操作，就会逐渐培育出粒大味美的玉米。

也可以通过两个遗传上相近的品种的交配或结合，即杂交来创造新的品种。比如，现在常见的大西红柿就是不同品种的野生袖珍番茄杂交选育出来的品种，其果实更大、产量更高。

除了植物，将不同品种的宠物狗或猫杂交也能培育新品种。据说，西施犬就是北京犬和拉萨犬的杂交品种。

到了现代，人们开始利用更高效的转基因技术培育新品种。例如，将抗病基因导入普通大豆的细胞中，从而得到具有抗病特性的大豆。类似这种抗病大豆的作物就是人们所说的转基因生物（GMO）。

但是由于转基因生物对人体的影响尚未可知，也有人对其表示担忧。转基因食物的安全性还有待考证。

大家好奇的术语

过敏（第 24 页）

生物体受到药物或外界刺激后，其免疫系统反应异常的现象。常见的过敏有花粉过敏、食物过敏、药物过敏等，过敏的症状包含眼睛充血、皮肤发痒、出疹子、流鼻涕，严重时还可能出现呼吸困难、昏迷等。

皮质醇（第 55 页）

人体在感受到压力时分泌出的一种物质。这种由肾上腺皮质分泌的糖皮质激素能刺激自主神经系统，使人血压升高，呼吸变得急促。但这不一定是坏事，因为假如皮质醇分泌不足，我们遇到危险就无法快速做出反应，平时也会出现乏力、倦怠、易怒等症状。

转基因生物（第 80 页）

为达到特定目的，人类通过基因技术改变生物的遗传特性后获得的动植物。GMO 是“转基因生物”的英文缩写。目前，人们主要利用转基因技术培养农作物，由此获得的转基因作物一般具有抗病、抗虫、产量高的特性。

大家好奇的人物

贾斯汀·施密特
（第 5 页）

贾斯汀·施密特是美国亚利桑那州立大学的昆虫学家，主要研究蜇刺昆虫的生理学特征、防御手段及行为。施密特在研究中被昆虫蜇了上千次，他系统整理了被蜇时的感觉和疼痛程度，创造了“施密特叮咬疼痛指数”，是一位执着而有趣的科学家。

理查德·维特
（第 11 页）

理查德·维特是美国昆虫学家。他不仅研究蜘蛛本身，还研究蜘蛛对人类心理产生的影响。作为一名蜘蛛专家，他发现昆虫学家们最惧怕的生物就是蜘蛛，而这与蜘蛛的移动方式、速度、外貌、咬合力等不无关系。

保罗·波斯兰德
（第 75 页）

保罗·波斯兰德是园艺学教授，在美国新墨西哥州立大学从事育种及遗传学研究。作为国际公认的辣椒专家之一，他发表了 100 多篇与辣椒相关的科学论文。此外，他还在新墨西哥州立大学内部设立了辣椒研究所，并担任主任。

搞笑诺贝尔

科学篇 地球科学

好奇心工作室 / 著

中国出版集团有限公司
China Publishing Group Co., Ltd.
现代出版社

你喜欢科学吗？

提起科学，肯定有很多人喜欢，但也有一些小朋友想到科学就头疼。毕竟，科学看起来那么复杂，有那么多公式，还有一大堆需要背诵、记忆的东西！但是在这本书里，大家完全不需要有这种担心。请放松心情，跟随“我”和帕托老师，一起走进看似荒诞、实则严谨的趣味科学世界吧！

本书从历届搞笑诺贝尔奖的获奖研究中，选出了10个地球科学领域的研究。这些“乍看之下令人发笑，细思之后发人深省”的研究，会让大家笑着笑着就对地球科学产生兴趣，读着读着兴许还会萌生研究地球科学的念头呢！

你知道搞笑诺贝尔奖吗？

搞笑诺贝尔奖设立于 1991 年，由科学幽默杂志《不可思议研究年鉴》创办，奖项涉及物理、化学、医学、数学、生物、和平等多个领域，旨在提高人们对科学的关注度，激发人们对科学的兴趣。

获得搞笑诺贝尔奖的研究常常出人意料，有的甚至令人无语。但也正是这些不可思议的科学研究，会让人们发出“原来科学这么有趣啊！”或者“原来科学就藏在我们的生活中啊！”这样的感叹。在搞笑诺贝尔奖的颁奖典礼海报上，罗丹的作品《思想者》从坐着思考变成了躺在地上思考，其目的就在于强调“转变思维”的重要性。

那么，现在就让我们用这本书打破思维定式，开启怪诞离奇的科学视角吧！

目录

搞笑二人组

帕托老师

一位行为举止匪夷所思，
常常异想天开，
但对待科学始终
保持严谨态度的
奇葩老师。

我

一名四年级小学生。
爱管闲事，
性格坦率，好奇心强，
行动力无敌！

1
拔掉鸡毛的龙卷风

你读过《绿野仙踪》这本书吗？

在这本书里，小女孩多萝茜被龙卷风卷到一个叫“奥兹国”的地方，然后经历了一段奇幻冒险之旅。

“帕托老师，风能把房子吹走吗？”读到多萝茜的家被龙卷风卷走的情节时，我好奇地问了一句。

老师瞥了一眼书名，点了点头，说：“《绿野仙踪》里的风是龙卷风，所以很有可能。”

龙卷风

主要发生在广阔平原或海洋上的一种猛烈旋风，如同天空垂下的巨型漏斗。

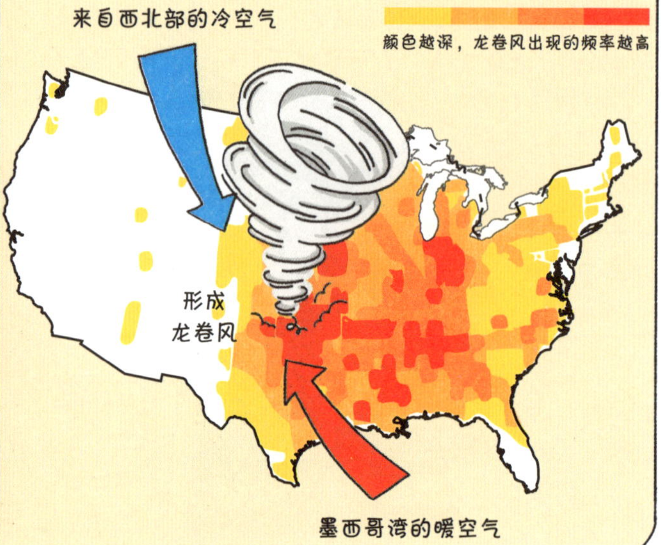

美国龙卷风分布图

“龙卷风到底有多厉害呢？”

听了我的问题，帕托老师歪头思索了片刻。

“这个嘛……在告诉你答案之前，我先讲一个用奇特的方法测量龙卷风强度的故事吧。”

“莫非这又是一个获得了搞笑诺贝尔奖的故事？”

“没错！”

“这个故事的主人公是美国纽约州立大学的伯纳德·冯内古特教授，他研究了“以鸡被拔毛的程度测量龙卷风风速”的方法，并因此获得了 1997 年的搞笑诺贝尔气象学奖。”

“哇！这真的能行吗？”

用鸡毛测量风速

早在19世纪，就有人注意到了龙卷风过后家禽被拔毛的现象，进而想到了利用鸡被拔毛的程度测量龙卷风风速的方法。

1842年，数学家兼天文学家伊莱亚斯·卢米斯用一只死去的鸡代替炮弹，放入大炮后射向天空。他发现鸡被轰成了碎块，掉落的羽毛上几乎不粘连任何皮肤组织。鸡被轰上天的速度约为550千米/时，卢米斯由此推测龙卷风的速度不超过550千米/时。

但是，这个实验有个漏洞：当鸡从大炮射出时，风是导致鸡毛脱落的唯一原因吗？

显然不是，火药爆炸等其他因素也可能导致鸡毛脱落！进入 20 世纪后，人们又意识到，鸡的健康状况和换毛期也会影响这个实验的结果。最终，伯纳德·冯内古特在 1975 年得出了**“无法通过鸡被拔毛的程度测量龙卷风风速”**的结论，并在 22 年后凭借该研究获得了搞笑诺贝尔气象学奖。

至于龙卷风的成因，科学家们众说纷纭。其中一种观点认为，龙卷风是由于云层上下温度差异过大，冷空气急速下降，暖空气猛烈上升而形成的旋涡。炎炎夏日，在平坦的田野上形成的龙卷风，下部直径可达数百米，能够袭击数十甚至数百公里的地区。

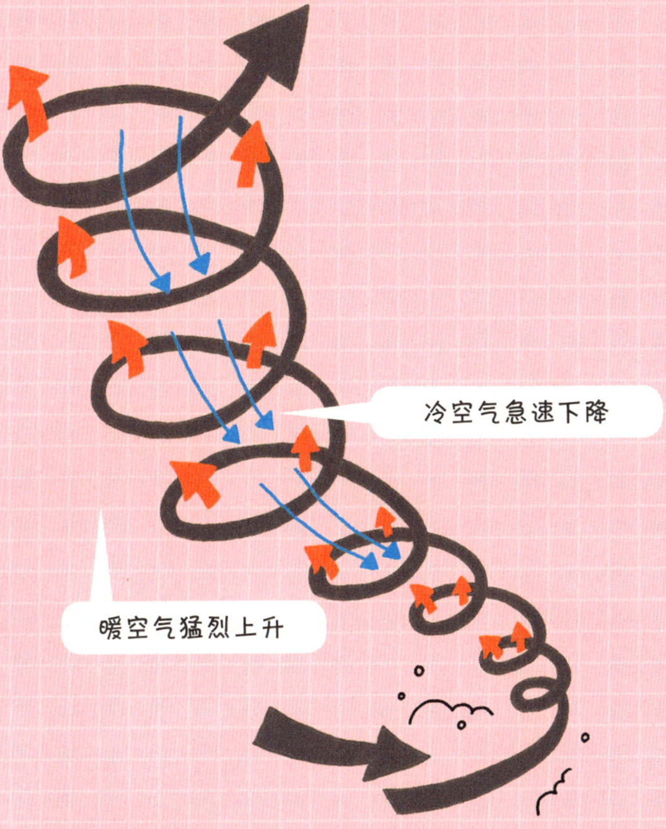

因为龙卷风的形成条件非常复杂，并且具有突发性，所以很难预测。

气象学家根据龙卷风的破坏力制定了龙卷级，用来衡量龙卷风的强度。

龙卷级	破坏程度	风速（千米/时）
EF-0	能将树枝吹断，将易拉罐和饮料瓶吹跑。	105~137
EF-1	能将活动板房吹翻，将门窗玻璃击碎。	138~177
EF-2	能将大树吹倒，将小汽车刮离路面。	178~217
EF-3	能将较重的汽车甚至火车吹翻。	218~265
EF-4	能将汽车以及汽车大小的物体刮飞。	266~322
EF-5	能将大型建筑物夷为平地，把火车刮飞。	> 322

2

“黏人”的浴帘

我家的浴室是用浴帘做的干湿分离，所以洗澡的时候一定要把浴帘的下缘放进浴缸里，不然浴室就会变成一片汪洋！

被妈妈训斥后，我急忙把浴帘放进了浴缸里。然后，奇怪的事发生了：

浴帘竟然往我这边
鼓了起来！

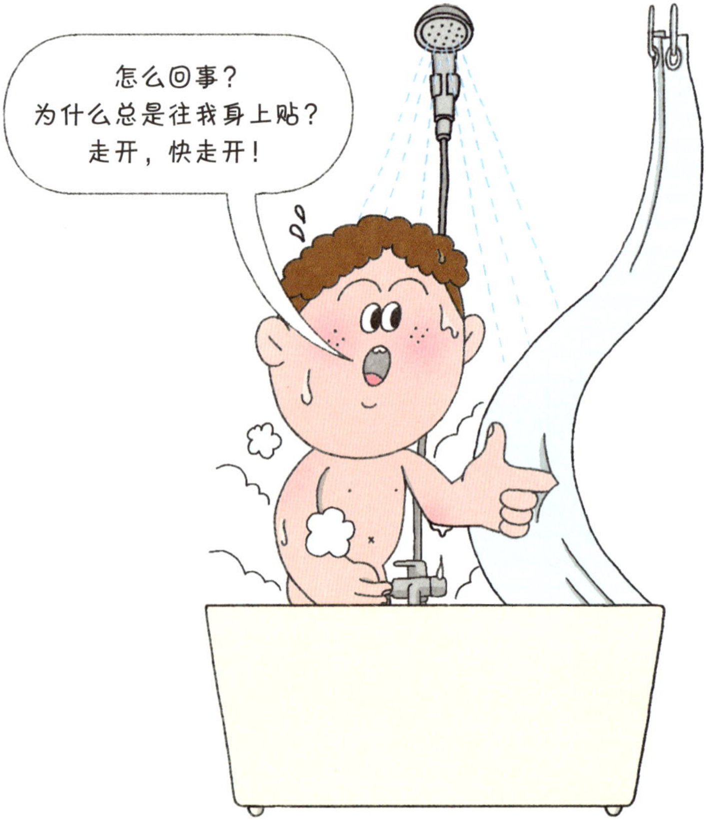

我实在是太好奇了，于是随便洗了洗，就赶忙跑去找帕托老师解惑。

“浴帘为什么会自己鼓起来呢？”

“美国一位叫大卫·施密特的物理学家研究了洗澡时浴帘向内鼓起的现象，并因此获得了2001年的搞笑诺贝尔物理学奖！”

“我居然能和物理学家提出同样的问题，看来我还是挺厉害的嘛！”我得意扬扬地说道，“所以答案是什么呢？”

“原因就在于气压差！”

气压的“魔法”

拉着浴帘洗澡的时候，帘子总是向内鼓起，神奇吧？为什么会这样呢？据科学家们推测，这种现象可能是气压差造成的。

地球被厚厚的空气包围着，这些空气构成了大气层。而气压，可以简单理解为大气层作用于物体的力。不同地方的气压存在差异，当气体分子从气压高的地方向气压低的地方移动时，我们就感受到了风的吹拂。

浴帘之所以会向内鼓起，是因为浴帘内的气压比浴帘外的气压低。但是，**为什么浴帘内的气压会降低呢？**

施密特发现，当我们拉上浴帘洗澡时，水流带动空气运动，**在浴帘内形成了一个小旋涡，这个旋涡的中心就是个低压区。**

气体分子会从
气压高的一侧（浴帘外）
向气压低的一侧（浴帘内）
移动，浴帘自然就会
向内鼓起了。

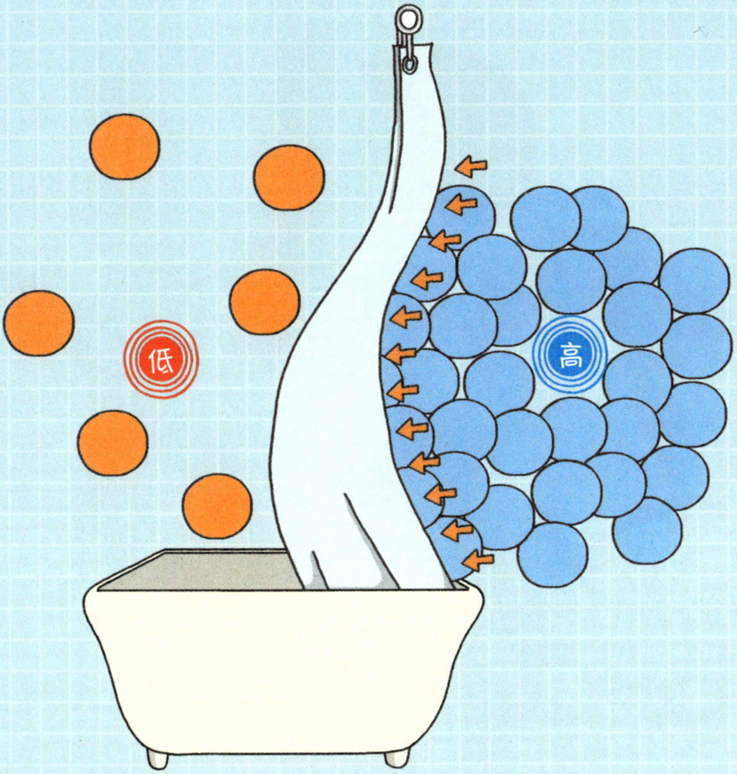

棒球投手甚至学会了利用气压差投球，比如变化球——一种方向会改变的球。投手们通过改变握球方式投球，棒球在旋转方向和表面缝线的影响下，周围的气压发生变化，运动轨迹产生上下或左右偏移。指关节球就是一个很典型的例子，这种球的飞行路径飘忽不定，因此又被称为“蝴蝶球”。

3

鲁道夫是不是鹿？

太棒了，圣诞节马上就到了！

今天就开始装饰圣诞树吧！

我正兴奋地唱着圣诞歌，帕托老师忽然出声打断了我。

“怎么了，老师？”突然被打断，我有些受伤。我明明唱得很好听啊！

老师似乎看穿了我的心思，笑着说道：“你唱得很好，只不过歌词有点问题。”

“什么问题？”

“鲁道夫是驯鹿，不是鹿！”

“可是驯鹿和鹿长得差不多啊！”

“这是因为它们其实是近亲，就像堂兄弟一样。但是鹿主要生活在温带，而驯鹿主要生活在寒冷的北极及其周边地区。”

我恍然大悟，说：“原来如此！圣诞老人住在北极附近，这样看，鲁道夫确实应该是驯鹿而不是鹿！”

“对！实际上，生活在北极附近的人的确会用驯鹿拉雪橇。”

“提到驯鹿，挪威的科学家就因为观察驯鹿而获得了 2014 年搞笑诺贝尔极地科学奖。”

“观察驯鹿是一件很厉害的事吗？”

对驯鹿好奇的话，就伪装成北极熊吧！

对野生动物的观察能帮助科学家深入了解动物的生态，从而更好地保护生物多样性。但是野生动物一看到人就会逃跑或展开攻击，所以想要观察它们并不容易。

为了近距离观察野生动物，科学家们尝试了各种方法。其中一种就是在野外安装摄像头，但是用这种方法很难对动物进行准确的观察。

科学家们还会通过隐藏或伪装的方式进行观察。

为了观察鸟类等对人没有威胁的动物，可以藏在伪装成岩石或草木的帐篷里，或者躲在挖好的洞里。

有时，科学家们还会伪装成动物的同类。比如，为了接近野牛群而伪装成野牛。

挪威奥斯陆大学的研究人员先以人类的样子接近驯鹿，后又假扮成北极熊接近它们，目的是弄清驯鹿在面对人类和捕食者北极熊时的反应有什么不同。

结果，尽管研究人员假扮的北极熊不太自然，但驯鹿一看见有白色的物体靠近就迅速跑开了，其逃跑启动距离（驯鹿与接近者之间的距离）和逃跑距离分别是看见穿深色登山服的人时的 2.5 倍和 2.3 倍。

由于北极环境恶劣，人们对当地生态的认知很有限。奥斯陆大学的研究人员表示将继续进行研究，制作出更加逼真的北极熊伪装，进一步观察驯鹿在面对危险时的状态和反应，以便更好地挖掘北极生态系统的秘密。

4

鸡的爷爷的爷爷的爷爷是？

帕托老师和我在玩快问快答游戏。

“用两只脚走路的动物有哪些？”老师问。

我滔滔不绝地列举出各种鸟。

帕托老师却说出了我意想不到的动物。

我本来想说：“恐龙难道不是用四只脚走路吗？”但犹豫了一下还是没说，因为霸王龙好像真的用两只脚走路。

“莫非恐龙和鸟还有关系？”我问。

“没错！鸟其实就是兽脚类恐龙。”

“兽脚类恐龙？”

“霸王龙就属于兽脚类恐龙，而鸟类被视为**大灭绝中唯一幸存下来的恐龙。**”

这真是匪夷所思，鸟竟然是恐龙？恐龙不是爬行动物吗？而鸟是鸟啊！

“为了证明鸟是兽脚类恐龙，智利大学的布鲁诺·格罗西教授进行了一项有趣的研究，并因此获得了 2015 年的搞笑诺贝尔生物学奖。”

“鸟竟然是像霸王龙一样的恐龙，真是难以置信！”

“是的，**一旦知道了科学家们关于恐龙的新发现，**我们的认知就会被颠覆！”

恐龙还活着！

人类很早就发现了恐龙化石。但大部分化石只保留了恐龙骨架的一部分，不足以让我们确切地了解恐龙的实际面貌和行动特征，因此人们曾经误以为这些化石是巨人或龙的遗骸。直到 200 多年前，科学家们才确认这些化石属于一种类似蜥蜴的爬行动物。现在，科学家们还经常通过在恐龙骨骼化石上覆盖皮革来还原恐龙的形象。

后来，科学家们又发现了带羽毛的恐龙化石，并据此推测：

恐龙的整个身体是被

长长的、华丽的羽毛

覆盖着的。

假设恐龙是爬行动物，其皮肤应该和鳄鱼、蜥蜴相似才对，但是恐龙和爬行动物有很多不同之处。

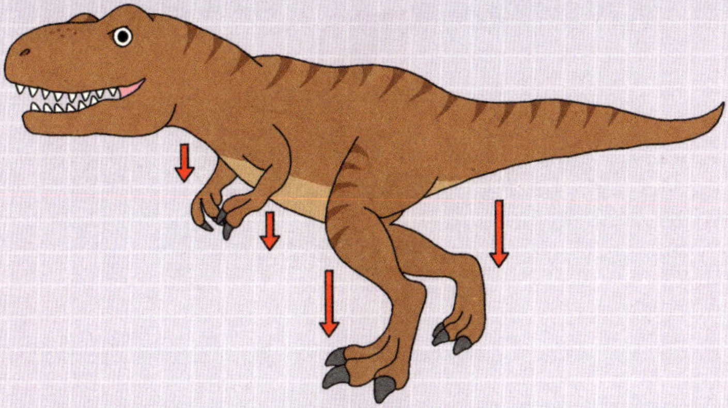

恐龙和爬行动物最明显的不同就是腿。

恐龙像哺乳类动物和鸟类一样，腿在躯干的正下方；但是鳄鱼、蜥蜴、乌龟等爬行动物的腿是从躯干两侧伸出的。腿伸出的角度不同，意味着它们的骨盆和脊椎形态不同。这在生物学上是一个很大的差异！

除此之外，科学家们还发现：与大多数爬行动物是冷血动物不同，恐龙同鸟类及哺乳动物一样是温血动物，至少是在一定程度上能维持自身体温的中温动物。

小行星撞击地球前，生活在白垩纪时期的霸王龙和伶盗龙的前肢都特别短小，像鸟一样只用两条后肢走路。伶盗龙虽然不会飞，但研究结果显示，它的前肢边缘有很长的羽毛。

现在科学家们普遍认为，**鸟类不是由恐龙演化而来，而是在大灭绝中存活下来的恐龙本身。**虽然鸟类体形更小，并且主要在天空中飞行，但它们的的确确就是恐龙。

5

月亮上面有兔子！

你知道农历正月十五是什么日子吗？

对！是元宵节，也是赏月的日子。

仔细看的话，好像真的有只兔子在用杵捣药呢！

“你看见的兔子只是你的‘空想性错视’。”帕托老师说。

“空想性错视？”

“是的！就是我们的大脑会自动对一些本来没有意义的图形进行‘脑补’，将其加工成我们已知的某样东西。比如在月亮上看到兔子，在云彩中看到羊群或猪。”

科学家尤其要警惕空想性错视！

“1996 年的搞笑诺贝尔生物多样性奖似乎就是为了强调这一点而颁发的。”

“获奖的到底是什么样的研究呢？”我好奇地竖起了耳朵。

“日本的一位科学家认为，4亿年前就已经存在身高不足1厘米的人类和动物了，并声称自己发现了可以证明这一点的化石。”

“原来是把自己在化石上‘脑补’出的东西当真了，真是个荒唐的科学家！”

“没错，颁这个奖就是为了提醒一些荒唐的科学家要进行真正的科学研究。”

无所不知的化石

化石就是由于自然作用而保存于地层中的古生物的遗体或遗迹。

就像上图所画的，要想形成化石，生物遗体就必须被泥沙等沉积物掩埋。在高温和高压下，沉积物变成岩石，生物遗体分解后留下的空间逐渐被矿物质填充，就形成了化石。

此外，脚印之类的生活痕迹也能形成化石。

足迹化石的形成过程

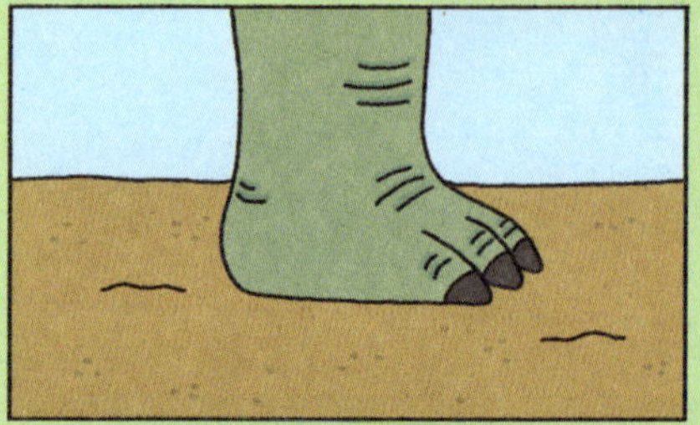

1. 当动物在泥泞的路上行走时，就会留下脚印。

2. 泥土中的水分在阳光照射下蒸发，脚印慢慢硬化。

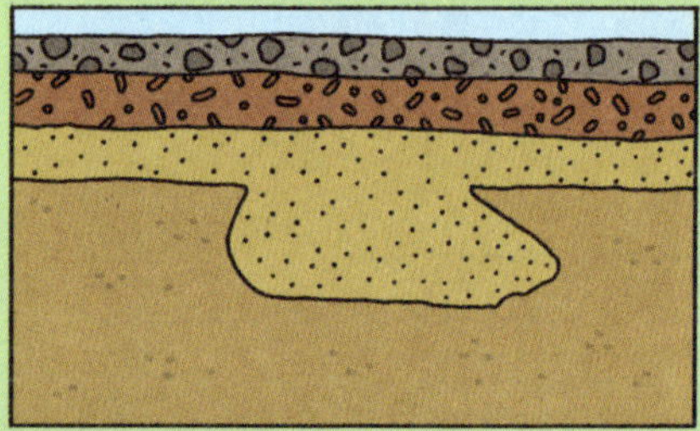

3. 再次下雨时，从山上流下来的泥沙会掩埋脚印。日积月累，脚印上有了厚厚的沉积物。

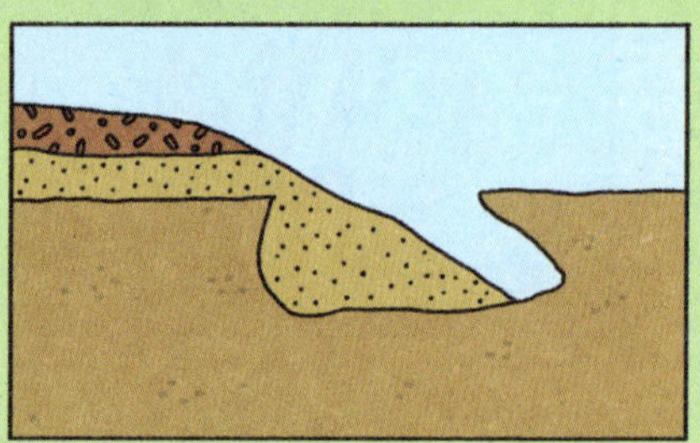

4. 随着地壳运动，岩层抬升，沉积物因侵蚀作用而流失，动物足迹化石重见天日。

化石能告诉我们远古时期生活着哪些动植物，以及它们的生活习性。

通过远古生物的足迹化石，我们可以推测它们的体形有多大，走得有多快，是拖着尾巴走还是翘着尾巴走，是独居还是群居等。

化石还可以揭示人类进化的过程。

通过头盖骨化石可以计算出远古人类的脑容量，进而推测出他们的智力水平，还可以通过研究牙齿结构来分析远古人类的饮食结构。

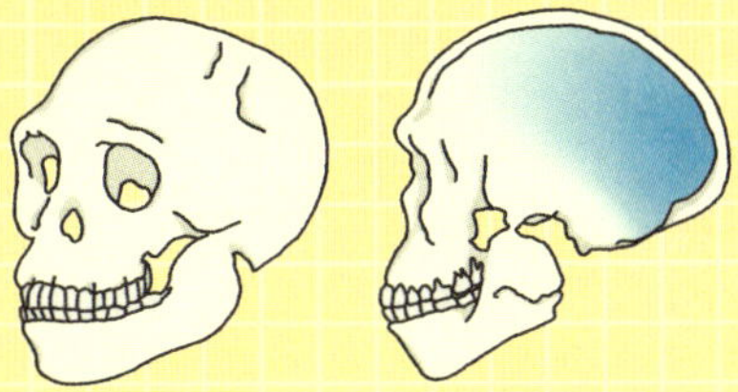

盆骨和腿骨化石可以告诉我们原始人是如何走路的。世界上最早的人类是南方古猿。和黑猩猩不同，南方古猿的大腿骨向内侧倾斜，这意味着它们和我们一样，是直立行走的。

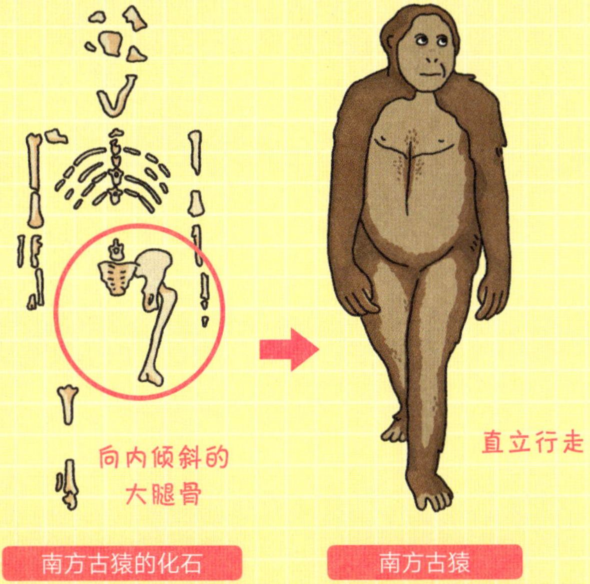

通过化石还原**真相**并非易事。

实际上，我们在书上和博物馆中看到的结构完整的化石大多是科学家们用挖掘出的化石碎片拼出来的。当然，科学家也有拼错的时候，在探寻真相的路上这是在所难免的。

6

鲇鱼摆尾能引发地震？

帕托老师给我看了一幅很有趣的日本画，画中一群人正趴在一条长着长胡须的鱼身上折磨它！

“19 世纪的日本人认为日本岛下有条巨型鲇鱼，鲇鱼摆动尾巴就会引发地震，于是他们创作了大量以人类制服鲇鱼为主题的浮世绘。”

鲇鱼摆尾能引发地震？

“鲇鱼的确能提前感受到地震。地震发生前会产生特殊的电磁波，而鲇鱼对电磁波的感知能力比其他鱼类敏锐 100 万倍，它们在地震到来前就开始摆动尾巴，发现这一现象的人就误以为是鲇鱼引发了地震。日本人一直利用鲇鱼预测地震，日本气象厅甚至凭借有关鲇鱼和地震关系的研究而被提名了 1994 年的搞笑诺贝尔物理学奖。”

“不过，日本气象厅在翻译其研究结果时出现了错误，误将‘地震引发鲇鱼活动’译成了‘鲇鱼活动引发地震’，这才引起了搞笑诺贝尔委员会的注意。搞笑诺贝尔委员会原本想通过颁奖取笑这个荒诞离谱的研究结果，但是后来得知是翻译错误，又取消了日本气象厅的获奖资格。”

我点了点头，但马上又有了新问题。

无法预测的地震

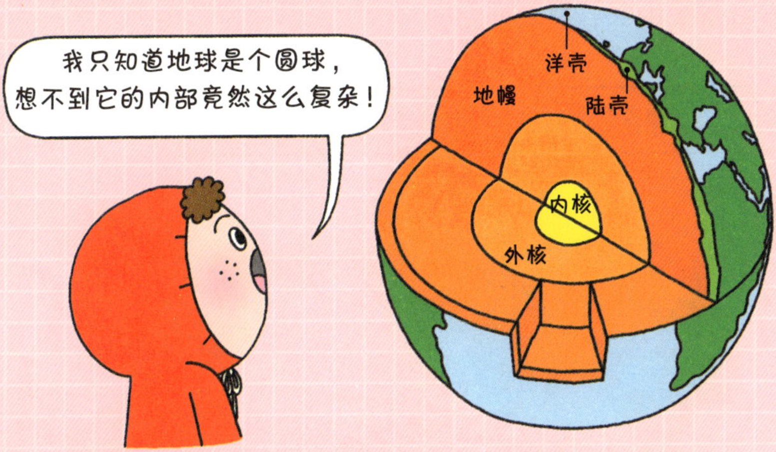

地球由地核、地幔和地壳组成。地壳是地球固体圈层结构中最外面的一层，由若干大小不等的板块组成。这些板块并不是静止不动的，而是每年都会移动几厘米。

虽然速度很慢，
却能引发地震。

火山爆发也能引发地震。

聚集在地下的炽热岩浆冲破地壳时，可能引发地面震动。反过来，地震发生时，也可能导致岩浆剧烈运动，造成火山爆发。所以地震频繁的地方，往往火山爆发也多，反之亦然。

地震和火山活动多发地区

▲ 火山
— 板块边界

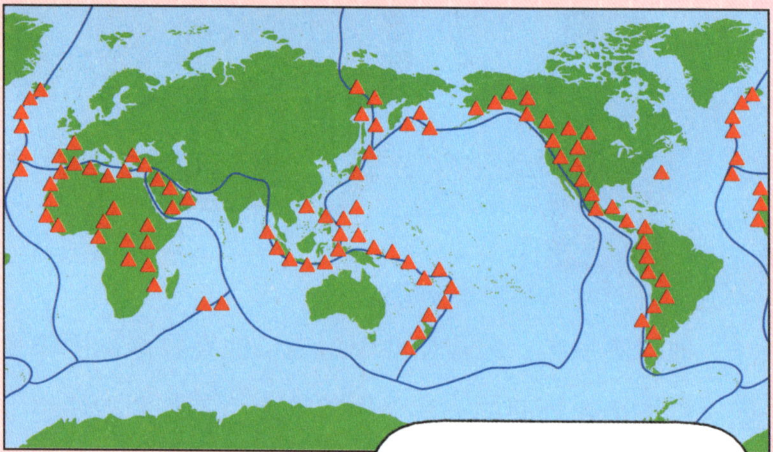

地震的可怕之处，在于它的不可预测性。面对地震，我们目前能做的就是：

在地震到来时以最快的速度拉响警报，并快速躲避起来。

地震会产生两种地震波：纵波（又称 P 波）传播速度较快，但破坏力弱；横波（又称 S 波）传播速度较慢，但破坏力强。地震监测台站一旦监测到纵波，就会立即发布地震警报，好让人们在横波到来之前躲避到安全的地方。

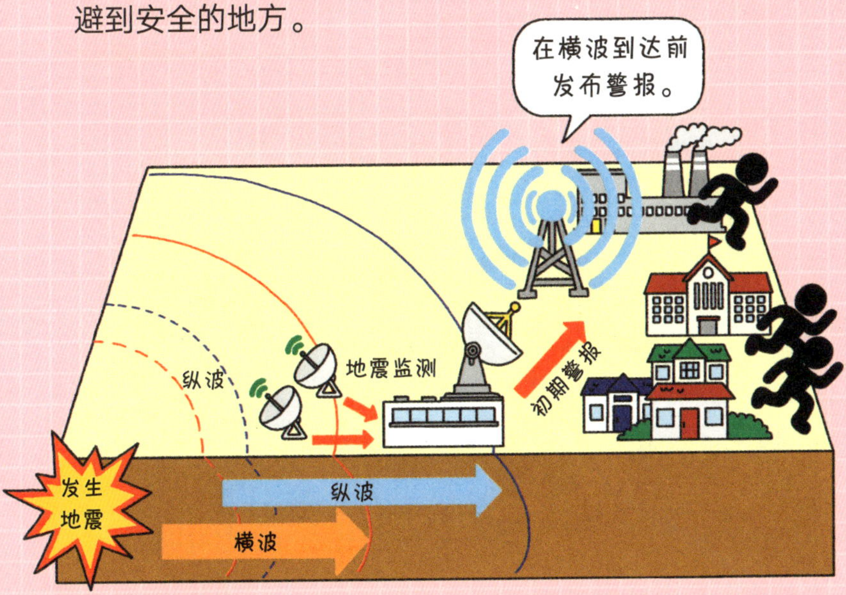

了解地震的形成原因后，我们一起来学习下发生地震时的躲避要领吧。

7

人类能移民到火星吗？

今天，我和帕托老师聊起了自己的偶像：“老师，您知道埃隆·马斯克吗？”

我兴致勃勃地说了好一阵埃隆·马斯克，然后大声宣布："我决定了！我也要去火星！"

这时，一直静静听我说话的帕托老师忽然拿出了一张照片，说："火星上好像已经有人住了，那里有金字塔，还有像人脸一样的人工建筑物，不信你看！"

说着，老师用手指着照片上一个很像人脸的地方给我看。

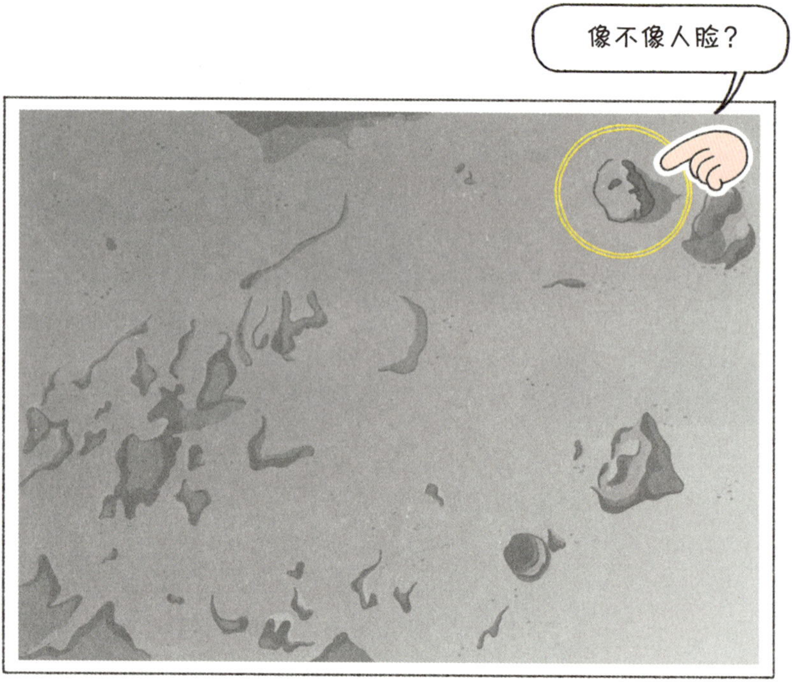

看到照片，我先愣了一下，但是马上就反应过来，笑着说：

“这是空想性错视！”

听到我的话，老师露出了满意的笑容。

“但是有的人却将这个照片当作月球和火星上已经存在生命体的证据，进而断言人类的宇宙探索计划其实是一个巨大的阴谋。1997年，搞笑诺贝尔奖委员会将天文学奖颁给了提出这一主张的人。”

“为什么呢？”

“搞笑诺贝尔奖表彰的不就是‘乍看之下令人发笑，细思之后发人深省’的研究嘛！荒唐的主张虽然让人捧腹，却也能催生具有创造性的科学研究和技术。”

我心领神会地点了点头，又坚定地说道：“不管怎样，我都要去火星！”

火星上可以生存吗？

中国、美国还有欧洲等航天科技相对发达的国家和地区都在探索火星。

研究表明，火星上曾经有一片巨大的海洋。因此，科学家们认为火星曾经和地球一样，是个“蓝色星球”。

火星的过去与现在

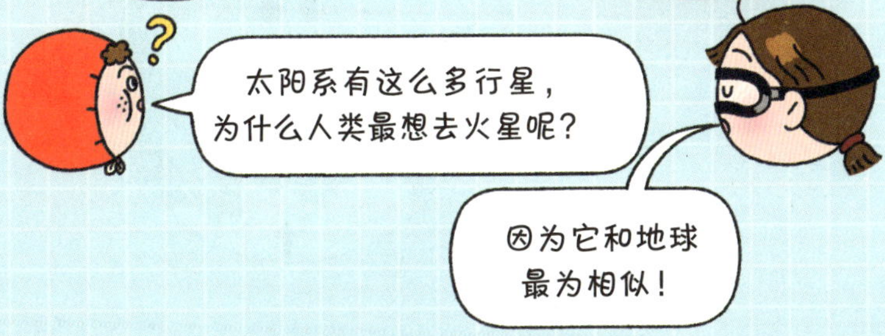

火星上存在过海洋和一定厚度的大气层，这意味着火星曾经的温度可能和地球差不多，也就说明火星上可能存在过一些简单的生命体！

但是，现在的火星大气层很稀薄，平均气压不到地球的 1%，液态水也消失了。是什么导致了这些改变呢？原因就是火星的引力只有地球的三分之一左右，再加上火星的磁场强度只有地球的万分之一，无法阻止太阳风剥离其大气层。没有了大气层的保护，液态水自然就蒸发掉了。

火星是无法留住空气和水的行星。

现在的火星上没有任何生命体了吗?

科学家们认为事实可能并非如此。火星虽然几乎没有地表水了，但是还有地下水，甚至存在地下液态水湖。所以，火星地下有可能存在细菌等微生物。

目前，除了发射探测器，科学家们还在开发性能更好的探测工具，比如相机。多亏了分辨率更高的相机，类似“人脸”这样的空想性错视才会减少！

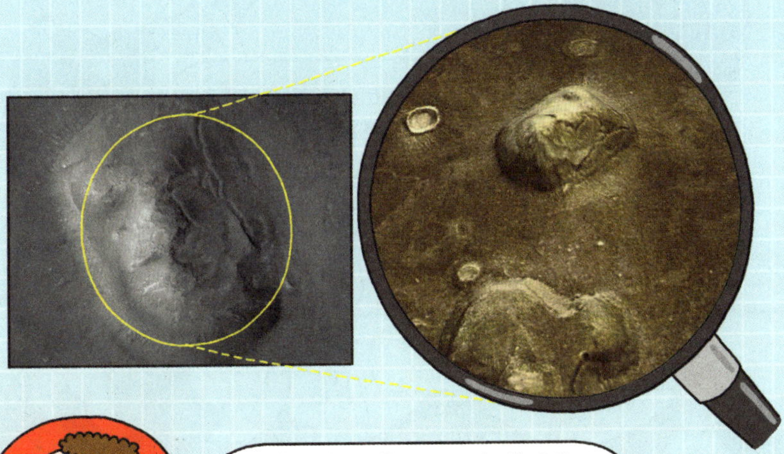

历史上还有一个因为火星而被授予了搞笑诺贝尔奖的人呢。1991 年，时任美国副总统的丹·奎尔因为一番关于火星的发言而获得了搞笑诺贝尔教育奖。

8

利用星空导航的屎壳郎

冬天，我和帕托老师一起去露营。

晚上，我俩坐在外面观察星空。只见繁星点点，好像要从天上洒落下来一样！

老师指着猎户座，讲起了关于它的传说。

听完老师的话，我好奇地问道：“为什么从前的人们要编造关于星座的故事呢？”

“这个嘛，原因有很多。其中最重要的原因，你可能知道。”

“原来能利用星座导航啊！”

“对！所以人们才编造了很多与星座相关的故事，毕竟有趣的故事能帮助记忆嘛。”

我不禁再次看向那些充满故事的星星。

这时，老师又继续说道：“不光人类，屎壳郎也会利用月亮来导航。”

“更令人惊讶的是，在没有月亮的夜晚，屎壳郎还会利用银河导航。瑞典和南非的研究人员凭借这一发现，获得了2013年的搞笑诺贝尔生物学奖和天文学奖。”

“哇！”我发出惊叹。

但是很快，我又有了新的疑问。

从恒星到星系，再到宇宙

我们生活的地球每年绕太阳旋转一圈。像地球这样自身不发光，围绕像太阳这样的恒星旋转的天体被称为**“行星”**。

太阳、包括地球在内的八大行星，以及像月球一样围绕行星旋转的**卫星**，共同组成了**太阳系**。

太阳系是银河系的一部分。

银河系非常庞大，直径约有 10 万光年！而光年，是光在真空中一年内所走的距离。

光每秒可以传播近 30 万公里，相当于绕地球赤道 7 圈半。10 万光年就是光在 10 万年内所走的距离。

俯瞰银河系

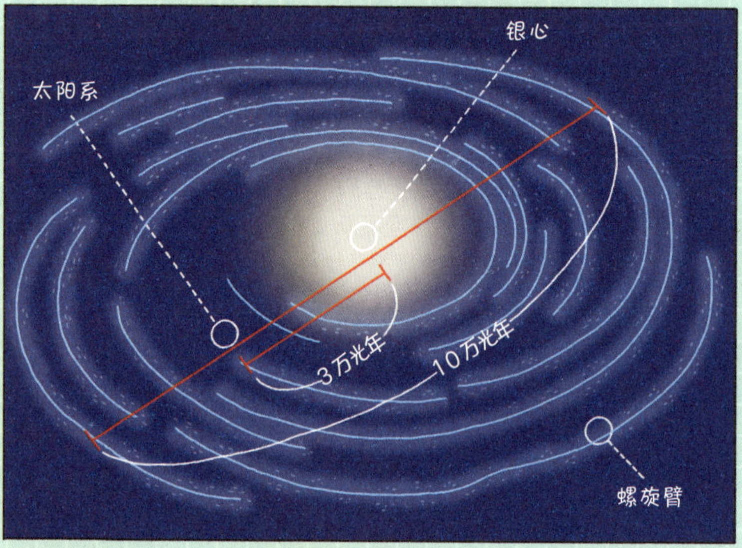

银河系中有无数恒星。

这些恒星形成了一条横跨天空的银白色亮带，看上去就像一条河，因此我们称之为“银河”。而在希腊神话中，银河是天后赫拉的乳汁溅洒在天空中形成的，因此西方称之为“乳之路”(Milky way)。

16 世纪意大利画家丁托列托的《银河的起源》

宇宙中还有很多星系。虽然我们还不能观测到宇宙的所有角落，不知道星系的准确数量，但是像银河系这样的星系应该有 **20000 亿个以上。**

讲到这里，不如来算一道数学题吧？

假设其他星系也和银河系一样拥有 4000 亿颗恒星，那么宇宙中总共有多少颗恒星呢？

9

我的哥哥是黑洞

没有，
没看见。
哥哥，你肯定看见过
我的足球吧？
那你手上拿的是什么？
足球呀！
……
明明就是我的足球！

“哥哥总是抢我的玩具，就像吞噬一切的黑洞一样。”我气呼呼地说道。

帕托老师听完“扑哧”笑了。

“您为什么笑啊？我是认真的。”

“你还知道黑洞，很了不起嘛！”

“嘿嘿，这个嘛……”

得到老师的夸奖，我的心情瞬间好转，骄傲地说起了自己对黑洞的了解。

黑洞

是具有非常强的引力，能吞噬周围一切的天体。

“2001 年，美国一位电视福音布道者称，黑洞满足了地狱的所有技术条件，并因此获得了搞笑诺贝尔天体物理学奖。”帕托老师说。

“因为他比科学家们更了解黑洞吗？”

“不是的。他主张的‘黑洞即地狱’当然不是真的。之所以给他颁发搞笑诺贝尔奖，可能是为了讽刺那些试图证明地狱真的存在的人，同时也为了启发人们重新思考黑洞。”

揭开黑洞的神秘面纱

黑洞的字面意思是“黑色的窟窿”，听起来就有些瘆人吧？它还能把周围的一切吞噬殆尽，是不是感觉更可怕了？但黑洞不是地狱，而是有明确形成过程的天体。

那么，黑洞是如何形成的呢？

这就得从恒星说起了。所有事物都会从新生走向灭亡，恒星也要经历这个过程。壮年时期，恒星内的氢元素会一直发生反应，发出光和热。

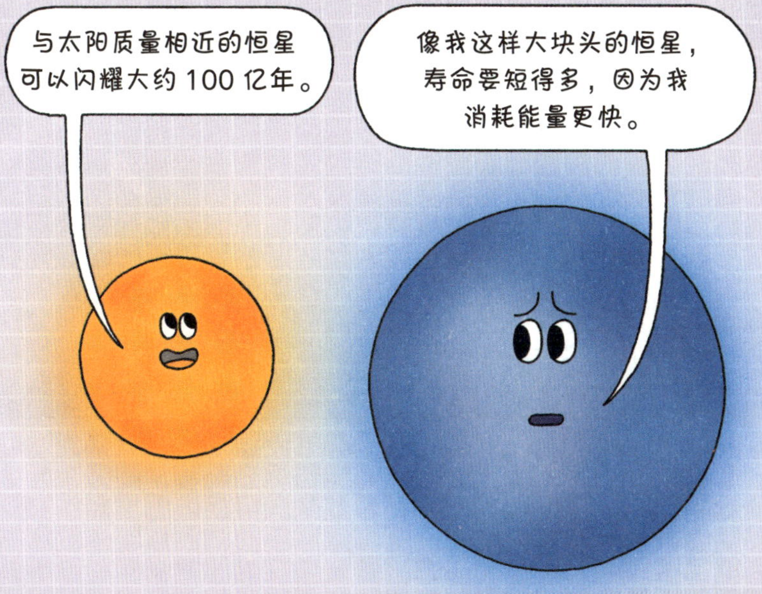

消耗完氢元素后，质量与太阳相近的恒星会先变成红巨星，最后变成地球大小的白矮星；质量比太阳大的恒星会变成红超巨星，发生巨大的爆炸，即超新星爆发。超新星爆发后，质量是太阳的 8~20 倍的恒星，会形成中子星；

而质量比太阳大 20 倍以上的恒星，则会变成黑洞。

恒星的一生

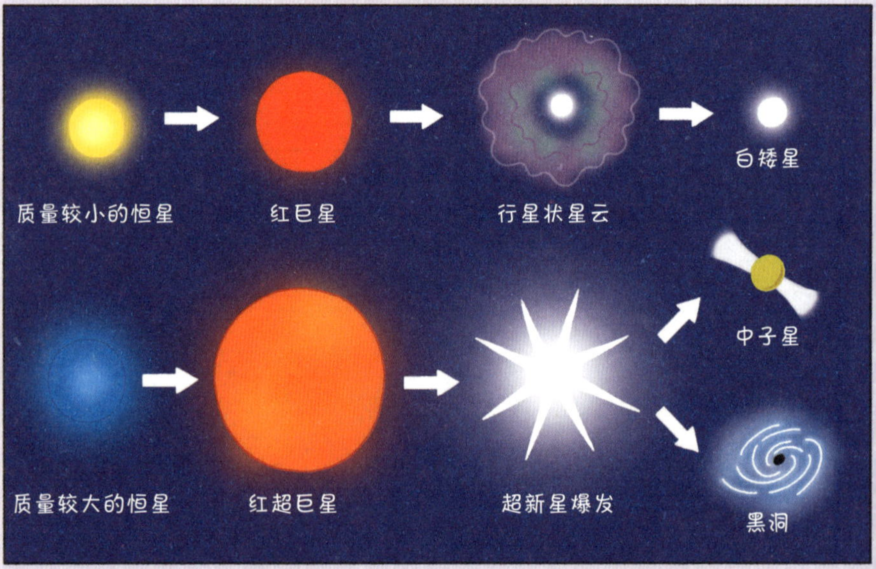

黑洞是什么样的？

以前的人们认为，黑洞就是一个黑色的洞，所以才这样为它命名。但随着研究的深入，科学家们意识到黑洞的边缘应该是亮的。气体在黑洞的引力作用下，以惊人的速度旋转着落入黑洞中心，发出巨大的光和热，因此黑洞周围应该会形成一个发光的“腰带”。当然，这种对黑洞的描述都是基于理论的推测。

直到 2019 年，科学家们才终于成功地拍摄到了 M87 星系中心的超大质量黑洞的照片，它的周围正如推测的那样——闪闪发光。

银河系里大约有 4000 亿颗恒星，比太阳质量大的恒星不计其数。科学家估算，仅银河系中就应该有上亿个黑洞。但我们对这些黑洞还知之甚少。

被黑洞吸走的物质究竟去了哪里？如果能穿过黑洞，又能去到哪里？

10

你见过外星人和UFO吗?

寒假快结束的时候，我和帕托老师一起来到了公园。结果，我发现了一个神奇的东西！

“老师，您看见了吗？”

听到我的话，老师只是歪了歪头。

“太阳旁边有个圆盘形状的东西在闪闪发光！”说完，我惊讶地捂住了嘴——难道我看到了UFO？

老师似乎猜到了我的心思，说：“你该不会觉得，刚刚过去的是UFO吧？”

我强装镇定地回答道：“老师，您听过美国著名天文学家卡尔·萨根的一句名言吗？”

宇宙那么大，如果只有我们，
那就太浪费空间了！

“你竟然知道这个，真是太厉害了！不过……”老师露出了严肃的表情，“我有个疑惑，

UFO 突然出现和消失，不也造成了巨大的资源浪费吗？”

“这是什么意思？”

“想想看，我们为探索月球和火星研制、发射了各种探测器，这需要耗费多少时间、金钱和资源？因为耗资巨大，甚至有人主张放弃探索宇宙，将资金和资源用于其他地方。外星人也一样，如果投入了大量的资源来到地球，却只停留一瞬间，这样难道不是浪费资源吗？”

“当然，也有人主张 UFO 不是一闪而过。这些人甚至获得了搞笑诺贝尔奖。”

“为什么呢？”

“原因一会儿告诉你，先来听听他们关于 UFO 和外星人的看法吧！”

科幻与科学的区别

1991 年，搞笑诺贝尔奖委员会将文学奖授予了一位瑞士作家。这位作家认为，地球上诸多遗迹和未解之谜都与史前时期的外星人宇航员有关，但他的设想和推测大多经不起推敲。搞笑诺贝尔奖委员会之所以颁发该奖，很可能是在讽刺这位作者信口开河。

纳斯卡线条
（出现在纳斯卡荒原上的神秘线条图案）

1993年，美国哈佛大学的一位教授因发表外星人绑架人类的书籍而获得了搞笑诺贝尔心理学奖。颁发这个奖并不代表评委相信了他的主张，而是因为他的书让人们对宇宙和外星人产生了兴趣。

事实上，在美国和欧洲，很多人都声称被外星人绑架过，但他们都不能提供实质性的证据。其中最出名的就是乔治·亚当斯基接触外星人事件。

亚当斯基声称拍到了UFO，甚至还出示了假照片。这种“证据”在20世纪50年代也许行得通，但放到现在可完全骗不了人！

在宇宙的某个地方应该存在智慧生命，他们可能拥有发达的科学技术，要不然就真的像卡尔·萨根说的那样——太浪费空间了！但宇宙中存在外星人和他们乘坐宇宙飞船往返地球是两码事。

宇宙非常大，即便以光速旅行，飞到距离太阳最近的恒星也需要 4 年多，而飞出银河系则需要几万年的时间。外星人真的拥有可以在宇宙中随意穿梭的飞行器吗？

当然，假如有一种技术能够解决宇宙各星体间遥远的距离问题，情况就会有所不同。

比如说曲速引擎，即利用“负能量物质”或者“虫洞”使时空发生弯曲，使飞船实现超光速飞行的引擎。目前，美国航天局还在对该引擎进行研究。

大家好奇的术语

龙卷级（第 8 页）

根据风速大小和破坏程度定出的龙卷等级指标，由美国芝加哥大学的日裔气象学家藤田哲也于 1971 年提出。级数分为 0 至 5 级，数字越大，表示龙卷风的威力越强。现在，气象学家一般会参考改良后的等级指标，简称 EF 级。

指关节球（第 16 页）

棒球中的一种特殊的变化球，球速不快，其重点在于尽量减少球在飞行过程中的旋转，以造成不稳定、无法预测的运动轨迹。投手投球时不必非常用力，而是主要靠手指的弹力把球弹出去，因此也称为“弹指球”。

兽脚类（第 27 页）

兽脚类是恐龙中以两足行走为主的一类，包括棘龙、异特龙、霸王龙等。根据骨盆结构，恐龙可以分为蜥臀目和鸟臀目。蜥臀目的耻骨和坐骨呈三叉形，除了用两条腿走路的兽脚类恐龙，还包括迷惑龙和腕龙等体形庞大、用四条腿走路的蜥脚类恐龙。鸟臀目的耻骨和坐骨平行，包含剑龙、肿头龙、角龙等恐龙。

大家好奇的人物

伯纳德·冯内古特
（第 4 页）

伯纳德·冯内古特是美国大气物理学家。他在美国通用电气公司工作时，发现在云层上播撒碘化银能够人工降雨。这一发明后来被伯纳德的弟弟——著名小说家库尔特·冯内古特写进了科幻小说中。

埃隆·马斯克
（第 49 页）

埃隆·马斯克是出生于南非共和国的美国企业家。据说他从 10 岁开始学习编程，13 岁时就开发了第一款游戏。在大学期间攻读了经济学、物理学、材料科学等，后来辍学创办了在线金融服务公司。在此基础上，马斯克又建立了电动汽车公司特斯拉、太空探索公司 SpaceX、太阳能公司 SolarCity、人工智能研究公司 OpenAI 等。

卡尔·萨根
（第 74 页）

卡尔·萨根是美国天文学家、天体物理学家、宇宙学家。他曾在哈佛大学和康奈尔大学任教，并参与了美国对月球、水星、金星、火星等的探测计划，是一位优秀的研究者和学者。此外，他也是一位成绩斐然的科普工作者，亲自参与制作了《宇宙》等著名的科学纪录片，他的科幻小说《接触》也被搬上了大荧幕。

搞笑诺贝尔

科学篇 生活科学

好奇心工作室 / 著

中国出版集团有限公司
China Publishing Group Co., Ltd.
现代出版社

你喜欢科学吗？

提起科学，肯定有很多人喜欢，但也有一些小朋友想到科学就头疼。毕竟，科学看起来那么复杂，有那么多公式，还有一大堆需要背诵、记忆的东西！但是在这本书里，大家完全不需要有这种担心。请放松心情，跟随“我”和帕托老师，一起走进看似荒诞、实则严谨的趣味科学世界吧！

本书从历届搞笑诺贝尔奖的获奖研究中，选出了10个生活科学领域的研究。这些“乍看之下令人发笑，细思之后发人深省”的研究，会让大家笑着笑着就对生活科学产生兴趣，读着读着兴许还会萌生成为科学家的念头呢！

你知道搞笑诺贝尔奖吗？

搞笑诺贝尔奖设立于 1991 年，由科学幽默杂志《不可思议研究年鉴》创办，奖项涉及物理、化学、医学、数学、生物、和平等多个领域，旨在提高人们对科学的关注度，激发人们对科学的兴趣。

获得搞笑诺贝尔奖的研究常常出人意料，有的甚至令人无语。但也正是这些不可思议的科学研究，会让人们发出“原来科学这么有趣啊！”或者“原来科学就藏在我们的生活中啊！”这样的感叹。在搞笑诺贝尔奖的颁奖典礼海报上，罗丹的作品《思想者》从坐着思考变成了躺在地上思考，其目的就在于强调“转变思维”的重要性。

那么，现在就让我们用这本书打破思维定式，开启怪诞离奇的科学视角吧！

目录

搞笑二人组

帕托老师

一位行为举止匪夷所思，
常常异想天开，
但对待科学始终
保持严谨态度的
奇葩老师。

我

一名四年级小学生。
爱管闲事，
性格坦率，好奇心强，
行动力无敌！

1

可爱的猫咪在说什么？

下雨的午后，我和妈妈在买菜回来的路上，看到了一只流浪猫。

我赶紧抱着流浪猫去宠物医院做了检查。确定它身体健康后，我带着它来到了帕托老师家。

老师常常照顾流浪猫，他抚摸着小猫的头说：“交给我吧，我会好好照顾它的。”

这时，小猫“喵喵”地叫了起来，好像想告诉我们什么……

“你不觉得它的叫声越来越尖锐吗？”帕托老师话音刚落，小猫又叫了起来。我仔细一听，好像真的是老师说的那样。

这时，帕托老师拿来了猫罐头，小猫立即狼吞虎咽起来。

“看来它是饿了。”老师说。

“老师，您怎么知道小猫饿了？”

“瑞典的一位语音学家因为分析猫的叫声获得了2021年搞笑诺贝尔生物学奖。猫饿的时候叫声会变尖锐，就是她的发现之一。”

神奇的“兽语”翻译器

瑞典隆德大学的苏珊娜·舒兹教授，花了十几年的时间研究猫的叫声。她收集了各种环境中的“猫语”，同时对猫进行录像，观察猫在发出不同叫声时的身体姿态、行为等。她发现猫在面对不同情况时会发出不同的叫声，并分析、整理了这些长短不同、音量各异的叫声所包含的情绪和意图。

其实，养猫的人凭借经验也能知道“猫语”背后的意图。但是，舒兹教授的结论是基于严谨、深入的科学研究得出的。

猫的叫声含义不同！

心情愉悦时，会发出“呼噜呼噜”的声音。

因为捉不到猎物而郁闷时，会发出“啊呜啊呜”的声音。

生病时，会发出低沉的“呜呜”声。

警告别人时，会发出“嘶嘶”声。

舒兹教授的研究小组在 2011 ～ 2016 年间发表了 5 篇论文，分享其有关“猫语”的研究成果。

当被问到为什么要进行这项研究时，舒兹教授说因为她很喜欢猫，

希望能帮助爱猫人士
更好地和猫建立沟通。

她说：“虽然猫和狗一样，能与人类亲密地生活在一起，但与开朗的狗相比，猫更内敛，人们更难觉察到它们的情感。所以，我希望这项研究可以帮助人们解读猫的语言。”

尽管如此，还有很多“猫语”尚未被破解。在破译“猫语”的路上，我们依旧任重而道远。

随着人工智能的迅速发展，人与动物的沟通进入了全新的时代。

研究人员开始录制动物在不同环境中的声音，然后让人工智能学习。美国佐治亚理工学院的研究人员利用人工智能分析了鸡的叫声，发现鸡也能用声音表达情感。

长久以来，很多人都将动物视为没有意识的低等生物，而科学研究证明，动物像人类一样拥有各种想法和情感。正是为了进一步了解它们，科学家们才进行了各种“兽语”研究。

2

给宠物洗澡好麻烦！

没想到，当“铲屎官”原来这么辛苦！

于是，我不得不把猫丢进浴盆里。

给猫洗个澡怎么这么费劲啊！
喵，来抓我呀！
嘿嘿，我在这儿。
我强烈要求换一个铲屎官！

“老师，就因为这只猫，我被妈妈训了一顿！”我带着怒气向帕托老师控诉了这只捣乱的猫，说完不禁叹气，“如果我有一个专门给猫洗澡的机器就好了。”

帕托老师却告诉我：“这种机器早就有啦！”

全自动宠物洗澡机

给猫狗洗澡并不是件容易的事，特别是猫。由于它们讨厌水，洗澡的时候可能在挣扎中将主人抓伤。

而现在，主人只需将猫狗放进全自动宠物洗澡机，就可以解放双手啦！这款洗澡机比滚筒洗衣机小，比微波炉大。启动后，机器内的沐浴露和清水会四处喷溅，将宠物洗得干干净净。爱德华多・塞古拉就这样轻松解决了给宠物洗澡的难题，所以被授予搞笑诺贝尔卫生奖可以说是实至名归。

听起来，全自动宠物洗澡机有点像迷你洗车房。其实，这种机器的工作原理并不复杂。

但鉴于它是用来清洗动物的，所以制作得格外精细。

动物容易有应激反应，因此机器的水压不能太强，洗澡的时间也不宜过长。

获得搞笑诺贝尔奖后，塞古拉成立了拉瓦坎公司，将自己的发明推向市场。20 多年过去了，他发明的机器依旧在售卖。这款机器有两种规格，据说小型的价格在 5 万元左右。随着养宠物的人越来越多，塞古拉靠这款机器赚了很多钱。

后来又出现了比这款机器更简单、更便宜的宠物洗澡机，不仅能用来给猫狗洗澡，还能用来清洗两栖动物和爬行动物的皮肤。

宠物应该多久洗一次澡？怎样才算是洗干净了？

狗的体味较重，又经常和主人外出，所以专家建议：宠物狗每 2 ~ 3 周洗一次澡比较合适，至少保证每 3 个月洗一次。

猫不太需要洗澡，因为它们会通过舔毛来维持自身清洁。兽医认为，在一些气候干燥的地区，“铲屎官”就更不需要给猫洗澡了。只有在猫特别脏，或因为生病、年迈不能自己舔毛的特殊情况下，才需要人类给它们洗澡。

把宠物洗得干干净净，未必是好事。

特别是使用全自动洗澡机给宠物洗澡，虽然解放了人类的双手，但是敏感的小动物需要在封闭的空间内承受从四面八方喷出的水柱，难免会感到恐慌。

3

长期憋尿的后果

我和宇宙是好朋友。

我们经常打一些让人啼笑皆非的赌。

上课铃一响，我们的赌局就正式开始了！

我一定要憋住！

放学了，我们的赌局还在继续。

我一定要憋住！

最终，我还是没有坚持住，在路过帕托老师家的时候敲响了门。

从卫生间出来后，我向老师讲述了和宇宙的赌局。

“哎哟！你们真是什么赌都敢打呀！”

帕托老师接下来的话让我有些意外：“以后可别再打这种赌了。憋尿时间久了，

人就像喝醉了酒一样，
注意力和记忆力会严重下降。

“发现这一事实的研究还获得了 2011 年的搞笑诺贝尔医学奖呢。”

尿液是怎样排出的呢？

我们都知道，尿液积聚在膀胱里。

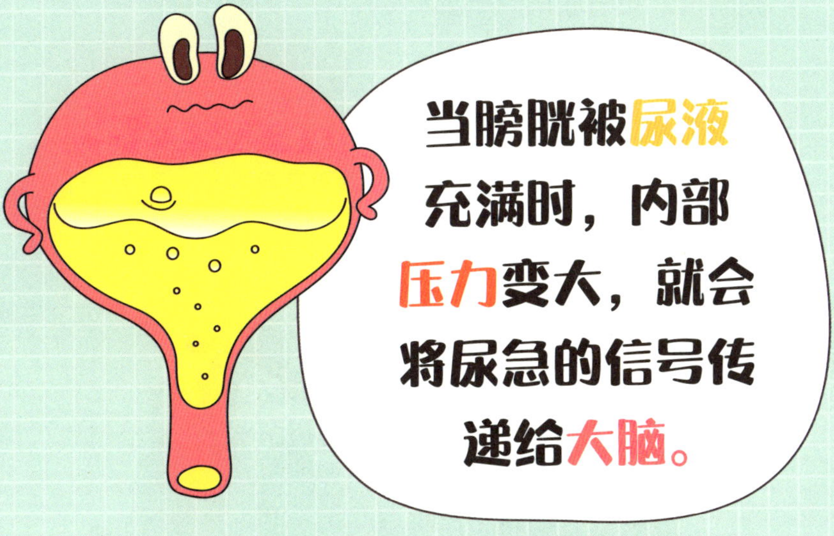

大脑发出排尿指令，紧绷的尿道括约肌收到信号后就会放松，将尿液排出。如果膀胱充盈后继续硬撑，也就是憋尿，不止身体吃不消，我们的大脑活动也会受到影响。那么，具体是什么样的影响呢？

2011 年的搞笑诺贝尔医学奖由两个团队获得，他们都研究了憋尿对大脑活动的影响。其中，来自美国和澳大利亚的科学家团队研究了不同程度的憋尿对认知能力的影响，结果显示：

尿意极度强烈时，人们的注意力和记忆力均有严重下降。

参加实验的人，甚至连简单的纸牌顺序都记不住。

而另一支来自荷兰和比利时的科学家团队研究了不同程度的憋尿对决策的影响，实验结果表明：

当尿意增强的时候，人们的冲动行为更容易受到抑制。

憋尿本身不是需要大脑的自我控制吗？抑制尿液排出的信号导致其他方面的冲动也会受到抑制。但是切记：这并不代表憋尿是好事！

长期憋尿可能降低大脑对排尿的调节能力，导致我们总想去厕所。更可怕的是，如果习惯性地憋尿，容易导致膀胱的局部向外膨出，形成膀胱憩室，引发炎症和各种并发症。

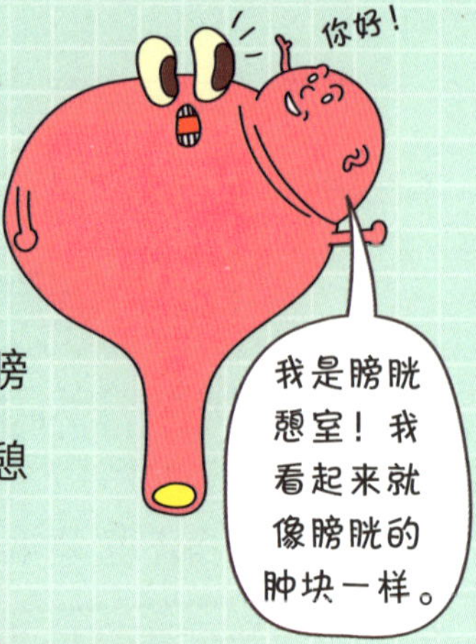

一直憋尿的话，不仅注意力和记忆力会下降，膀胱也会生病。

4

糟糕，我把闹钟关了！

星期天晚上，爸爸妈妈说他们第二天一大早就要去乡下奶奶家。妈妈担心我早晨因为赖床而上学迟到。为了打消她的顾虑，我拿出了一个秘密武器——闹钟。

第二天早上，妈妈叫醒了我。但是，等他们出发后，我看距离闹铃时间还有 1 小时，就又躺回了床上。

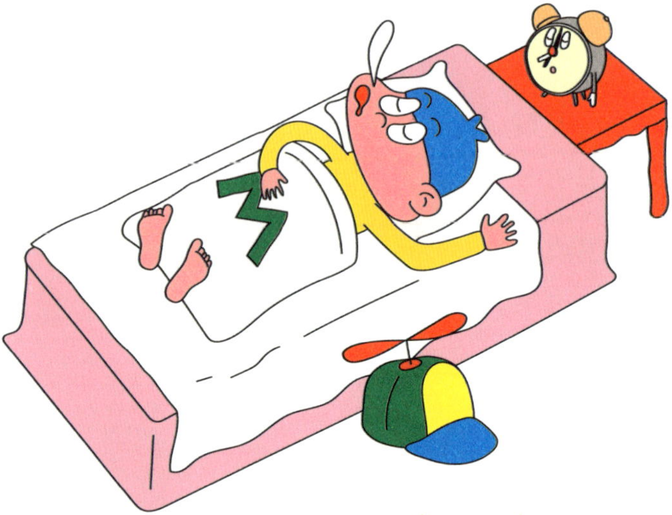

结果……

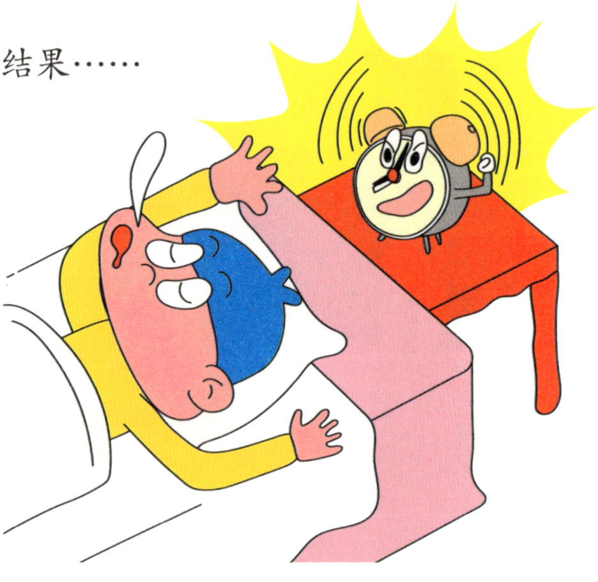

放学后，我和帕托老师提起了早晨迷迷糊糊关掉闹钟导致上学迟到的事。

“所以千万不要把闹钟放在床头！”老师说，“但是如果你有会逃跑的闹钟，这种情况就不会发生了。”

听了帕托老师的话，我的耳朵一下子竖了起来，大声问道：“居然有会逃跑的闹钟？”

“当然，这个发明还获得了 2005 年的搞笑诺贝尔经济学奖呢！”

“妈妈为什么不给我买这种闹钟？另外，闹钟怎么会逃跑呢？”

会逃跑的闹钟

从睡梦中醒来，对任何人而言，应该都十分困难。特别是需要早起的时候，大家更是因为怕睡过头而焦虑不安。

后来，又出现了具有“贪睡”功能的电子闹钟：闹铃响起时，如果按下按钮，几分钟后闹铃又会重新响起。

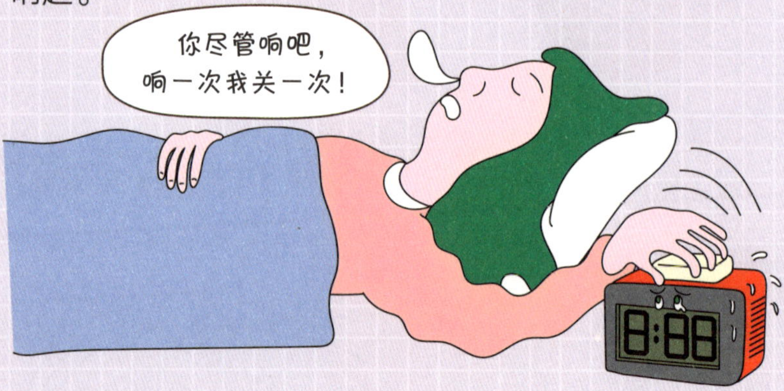

2005 年，美国麻省理工学院一名叫戈丽 · 南达的学生设计出了一款**长着轮子的闹钟——Clocky**，并获得了当年的搞笑诺贝尔经济学奖。至于为什么要设计这种闹钟，可能是因为麻省理工的学生要上很多的课，绝不能因为贪睡而迟到或旷课吧。

当 Clocky 再次响起的时候，赖床的人就不得不下床去找它。因为 Clocky 每天都会随机找地方躲藏，所以它的藏身之处很难预料。等它被找到的时候，主人已经变得睡意全无了。除了这款逃跑闹钟，还有很多奇奇怪怪的闹钟发明。

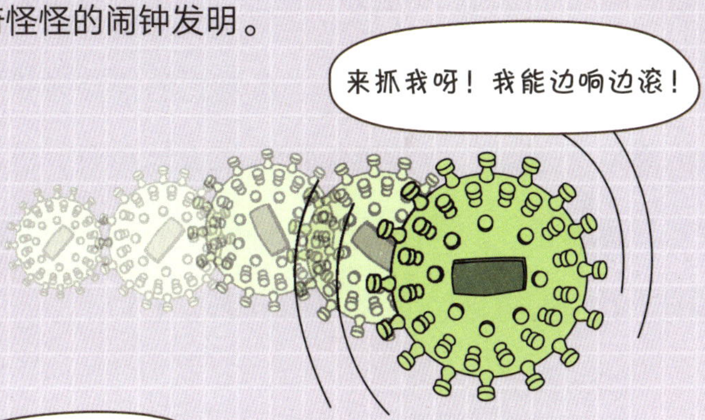

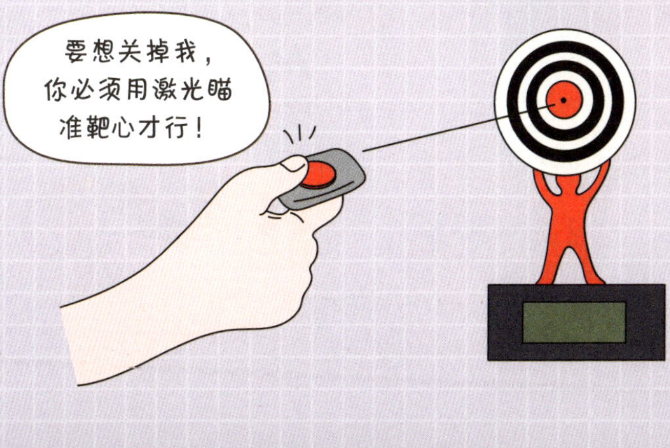

还有一个具有特殊意义的闹钟，它就是获得2011 年搞笑诺贝尔化学奖的“芥末闹钟”。所谓芥末闹钟，其实是用芥末的气味代替声音来唤醒人们的一种报警器。一般的火灾警报对听障人士无效，而芥末闹钟可以在报警器工作后，立刻让房间内充满芥末气味，帮助听障人士及时逃生。虽然它的报警方式非常出人意料，但是凭借其难能可贵的设计初衷，这款闹钟还是被授予了搞笑诺贝尔奖。**希望芥末闹钟能得到普及，从而帮助更多的听障人士！**

5

打哈欠会传染吗？

新学期开始了，宇宙成了我的新同桌。能和好朋友做同桌真的太棒了！

只不过，这对我的数学成绩**帮助可不大！**因为宇宙的数学成绩也不好。

上数学课时，我正专心致志地听讲，宇宙却在我旁边不停地打哈欠。看到宇宙打哈欠，我也跟着哈欠连连，困得根本没法听讲！

“都怪宇宙！他总是打哈欠，搞得我也一直打哈欠，不能专心听讲。”我向抱着吉他的帕托老师埋怨道。

“这真的不是你为数学成绩不好找的借口吗？”老师笑眯眯地问。

呃，我的小心思竟然这么容易就被帕托老师看透了……

“你真的认为宇宙打哈欠会传染给你吗？”

我噘着嘴，装作一副不感兴趣的模样，说：“您该不会想告诉我，打哈欠不会传染吧？”

“在回答这个问题之前，我们先来了解一下获得2011年搞笑诺贝尔生理学奖的研究吧。这项研究是围绕红腿象龟的哈欠展开的。”

打哈欠和同理心

看见别人打哈欠，我们也可能会跟着打哈欠，为什么会被“传染”呢？对此，学者们提出了几种假说。

假说 1：看到别人打哈欠，触发了自身打哈欠的反射，从而自动、机械地打哈欠。

假说 2：看到别人打哈欠后，无意识地模仿了别人的动作。

假说 3：被别人打哈欠所传递出的情绪感染，觉得困乏或无聊而打哈欠。

红腿象龟是爬行动物，与人类和其他哺乳动物不同，它们的大脑皮层相对简单，没有进化出像同理心这样复杂的情绪，也不具有社会性。因此，根据红腿象龟打哈欠是否传染，就可以判断假说 1 是否成立。

英国林肯大学的安娜·威尔金森教授和她的团队花费 6 个月的时间，用食物诱惑的方式，教会了一只叫亚历桑德拉的红腿象龟做类似打哈欠的动作。而后，研究人员让其他乌龟反复观看亚历桑德拉“打哈欠”的样子。经过漫长而枯燥的实验后，他们得出结论：红腿象龟打哈欠不会传染！

这说明打哈欠传染不是“无脑”的条件反射，假说 1 不成立。

打哈欠传染就只能是
社会性或同理心的体现了。

而社会性和同理心只有大脑较为复杂的动物和人才具备。

一个人在约克夏梗犬、杜宾犬、边境牧羊犬、西班牙犬等 29 只不同种类的狗面前打哈欠，其中 21 只狗跟着做出了打哈欠的动作。

由此可见，狗具有很强的共情能力。

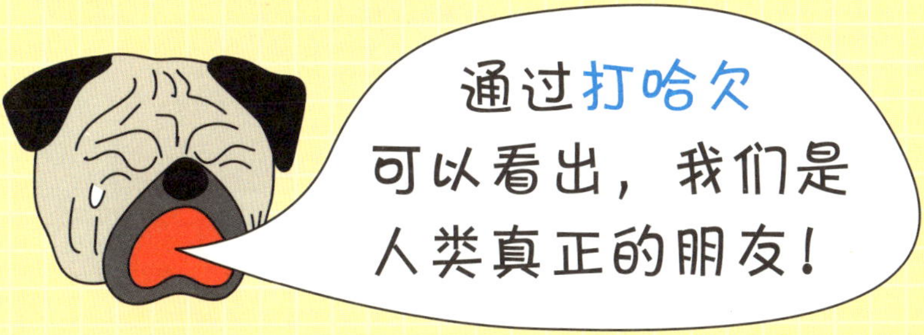

那么人呢？

有人进行过一项实验——在一群受试者面前不断播放其他人打哈欠的视频，结果显示：有 50% 的受试者跟着打了哈欠。而另一项实验发现，情感上越是亲近的人，模仿对方打哈欠的可能性就越大。

6

拍照时闭眼也没关系

前不久，我发现了一个特别好用的修图软件。今天和帕托老师一起拍完照，我用那个软件稍微修了一下照片。

帕托老师看到照片后，平静地说：“再帮我把下巴上的肉去掉些吧！”

我笑嘻嘻地按照他的话做了。

老师好像很满意，一脸欣慰地对我说：“以前，如果我需要一张穿正装的照片，就必须先借一套西服，再穿着西服去照相馆。但是现在，就算穿着T恤也能拍出正装照了！”

“以前拍全家福，总有人闭眼，所以得反复拍，但是现在就不需要这么麻烦啦！”

“现在比以前方便多了吧？”

听了我的问题，帕托老师微微一笑，说：“‘不方便’并不一定是坏事啊。有时候，‘不方便’反而会促进新研究或新发明的出现。”

看我面露不解，他又补充道：“要拍多少张照片，才能确保合照里没人闭眼呢？有人对此进行了研究，并且获得了2006年的搞笑诺贝尔数学奖。”

合照无人闭眼的概率

在只有胶片相机的时代，由于胶片价格昂贵，人们在拍照时会格外谨慎。现在，随着数码相机和智能手机的普及，人们不再有这种顾虑。

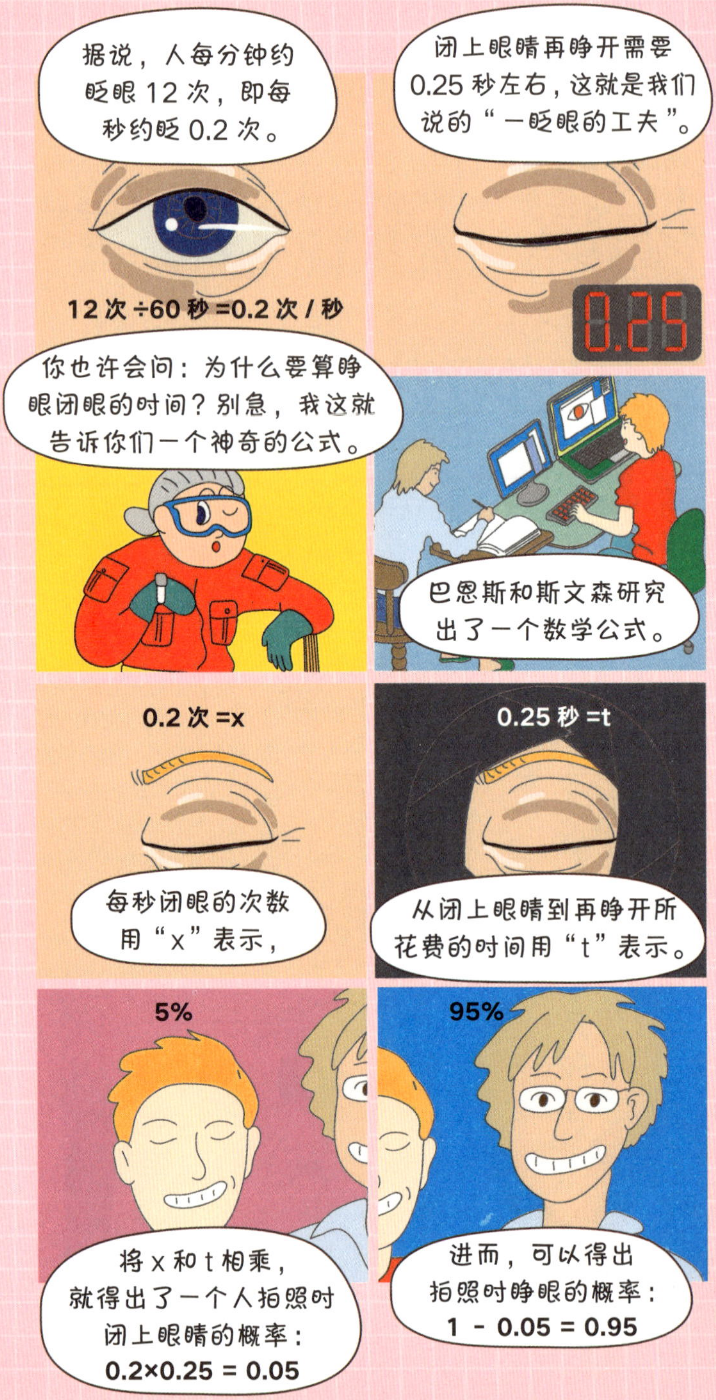
据说，人每分钟约眨眼12次，即每秒约眨0.2次。
12次÷60秒=0.2次/秒
闭上眼睛再睁开需要0.25秒左右，这就是我们说的“一眨眼的工夫”。
0.25
你也许会问：为什么要算睁眼闭眼的时间？别急，我这就告诉你们一个神奇的公式。
巴恩斯和斯文森研究出了一个数学公式。
0.2次=x
每秒闭眼的次数用“x”表示，
0.25秒=t
从闭上眼睛到再睁开所花费的时间用“t”表示。
5%
将x和t相乘，就得出了一个人拍照时闭上眼睛的概率：0.2×0.25 = 0.05
95%
进而，可以得出拍照时睁眼的概率：1 - 0.05 = 0.95

只拍一个人的时候，这个人睁着眼的概率是95%，但是合照就不一样了。假如照片上有20个人，就需要将20个0.95相乘，即 $0.95^{20} \approx 0.358$，这意味着所有人都睁眼的概率大约是35.8%。所以，如果想拍到20个人都不闭眼的照片，需要拍3次左右。巴恩斯和斯文森整理数据后发布了如下公式：

确保合照中无人闭眼的拍照次数

$=1 \div (1-xt)^n$（n代表合影人数）

如果每次拍照前都按照这个公式计算，就太麻烦了。于是巴恩斯将结论简化了一下：当合照里的人数小于20时，用人数除以3即可得出需要拍摄的次数。

万众“瞩目”的、无人闭眼的合照概率，就这样有了科学解答。

当然，由于这是概率事件，因此实际情况并不绝对。运气好的话，有可能一次就能拍出无人闭眼的合照；运气差的话，可能拍了很多次依然会失败。

7

麦田怪圈是外星人的杰作吗？

我周末晚上闲着无聊，就去了帕托老师家。老师正在专注地盯着电脑屏幕，完全把我晾在了一边。

哼，竟然这样对待我这位热爱科学的小朋友！

于是，我自己从冰箱里拿出了一盒牛奶。不过，在往杯子里倒牛奶的时候，不小心洒了一些出来。我想抽张纸巾擦桌子，结果又打翻了牛奶盒，弄脏了地毯。

我悄悄擦干地毯，扔掉纸巾，正想着快点逃离“犯罪”现场。帕托老师突然走了过来，说：“我忙完了。你在做什么呢？”

“我……我还是回家吧。”

我装作生气的样子，转身要走。老师却挡在了我的面前。

“你见没见过在麦田或玉米地里出现的一些巨型图案？它们常常由一些圆圈组成，但没人知道是谁画的，以及是怎么画的。”

“哦，您原来是在说那些外星人的画啊！”说完，我立刻开启了轰炸式提问。

麦田怪圈的真相

从 20 世纪 70 年代开始，以英国为首的很多地区屡屡出现奇怪的现象：种植小麦的田地里出现了巨大的圆圈画！这些画是通过压倒庄稼形成的，

通常在一夜之间出现，

但没人知道它们的由来。

据记载，这种现象最早出现于 1678 年。当时，人们认为这些圆圈画是“割麦子的恶魔”的杰作。到了 20 世纪 70 年代，类似的怪圈突然多了起来。但因为图案是单一的圆圈，普通人也可能在一夜之间完成，所以人们并未在意。可是随着时间推移，新图案变得越来越大、越来越复杂，人们心中的问号也越来越大：究竟谁能在一夜之间完成如此精致、复杂的图案呢？

新的怪圈大部分直径超过了 100 米，其图案之复杂甚至堪称艺术品。于是有人猜测：

能在短时间内
创造出如此巨大的怪圈，
只能是外星人。

外星制造的说法很快就在世界范围内传开了！

直到 1991 年，真相才被揭开——住在英国中南部农村的道格·鲍尔和戴夫·乔利公开承认 1978~1991 年的麦田怪圈都是他们制作的，甚至

利用木板和绳子等简单工具演示了制作怪圈的全过程。

他们用这些简陋的工具，仅 15 分钟就成功制作出了直径为 12 米的完美圆圈。鉴于他们揭开了麦田怪圈的神秘面纱，两人在 1992 年被授予了搞笑诺贝尔物理学奖。

其实，我从小就对麦田怪圈很感兴趣，并且一直暗自期许它们都是外星人的杰作。如果真是那样的话，该有多神奇、多令人激动啊！只可惜，科学并不会只展示我们所期许或笃信的事情。

科学能够揭示世界的真相，即使真相与我们的期许不同。

话说几十年来，那些半夜三更偷偷摸摸制作麦田怪圈的人，为什么从来没有被人目击过？他们身上这种对某件事情的执着和痴迷，不正是人类才具有的特质吗？

8

世界上最小的老师

虽然我知道说朋友的坏话不好，但是我的朋友宇宙真的好无知啊！

之所以说书籍是心灵的食粮，是因为就像吃东西能填饱肚子一样，读书不仅能让我们收获知识，还能让我们的精神得到滋养。

宇宙凑到我旁边，看着书里的内容继续发表意见。

宇宙对我的话置若罔闻，他快速翻到了书的下一章，读道：

> “你所遇到的一切人和事物，都是你的老师。”

宇宙一读完就看着我傻笑起来，说：“既然遇到的每个人都是老师，那我肯定也是你的老师了？”

我苦笑一声，说：“当然！看到你之后，我终于明白读书的重要性了。你让我领悟到了这点，所以你是我当之无愧的‘老师’！”

听了我的话，宇宙扑哧一笑，指着桌子问：“如果遇到的一切事物都是你的老师，那么你也要喊它‘老师’吗？”

这时我才反应过来，自己被捉弄了！

我跟帕托老师讲了刚刚发生的事，最后补充道："我还被宇宙打了一拳呢！"

老师看了一眼气喘吁吁的我，微笑着说道："虽然宇宙是在捉弄你，但他读的那句话倒是很中肯。现代人应该对'遇到的一切事物都是老师'这句话更深有体会，尤其是科学家们。因为他们从其他生物身上学到了很多。"

小小黏菌的大智慧

黏菌是单细胞生物，主要生活在潮湿、有腐败物的地方，乍一看与真菌很像。但是由于它具有原生动物的特征，能主动朝着食物移动，因此它其实是介于动物与真菌之间的一种生物。

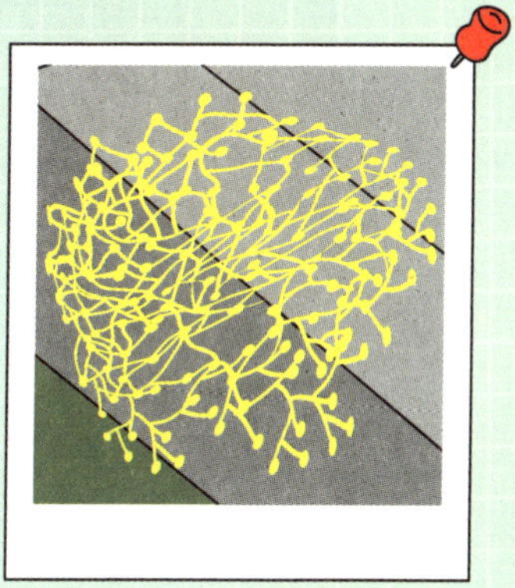

在众多黏菌中有一种叫作“多头绒泡菌”的黏菌，它外表呈黄色，能够以丝状网络的形式向外扩散移动。黏菌是“没有脑子”的单细胞生物，自然是不可能思考、作计划的，但多头绒泡菌却拥有惊人的寻路能力。

没有大脑、无法思考的单细胞生物，究竟是如何寻路的呢？

日本科学家团队于 2000 年发现，

多头绒泡菌可以找到迷宫出入口之间的最短路径。

研究组将多头绒泡菌放入迷宫，并在迷宫的入口和出口放上它们喜欢的食物，然后黏菌的迷宫探索之旅就开始了。一开始，多头绒泡菌的管状结构到处扩散（如左图所示）。最终，它们成功找到了迷宫出入口之间的最短路径（如右图所示）。

没有大脑的黏菌究竟是怎么做到这一点的呢？这要归功于它们觅食时的运动方式。多头绒泡菌在接触到食物后，就会撤回死路上的管状结构，只沿着有食物的方向扩张，从而找到出入口之间的最短路径。

利用多头绒泡菌能够找到出入口之间的最短路径这一点，日本科学家又用它模拟了日本关东地区的铁路网，再次验证了**黏菌强大的“算法”**。

左图上的红线表示关东地区的主要铁路网。研究人员设计了一个模拟关东地区地形的盒子，将多头绒泡菌放在代表东京的位置，将小块食物分别放在关东地区的36个主要车站的对应位置上，同时用黏菌讨厌的光斑模拟了铁路无法穿越的地形障碍。之后，多头绒泡菌开始反复收缩、扩张，终于在20多个小时后形成了一个复杂的丝状网络，并且该网络与真实的东京铁路网高度相似。

一个没有大脑的生物居然有如此强大的“算法”，这样的研究理应获得搞笑诺贝尔奖吧？

2021 年，科学家们进一步证实了：

多头绒泡菌具有记忆能力，
可以记住之前食物所在的位置。

多头绒泡菌与食物接触后会释放一种物质，从而软化靠近食物的管状结构的管壁，使之变粗，进而影响黏菌的扩张方向。这样一来，食物的位置信息就被较粗的管状结构有效记录了下来。当再次接触食物后，先前食物来源留下的印记就会发挥作用。生物的智慧是不是令人叹为观止呢？

9

美丽的画作能减轻疼痛？

帕托老师说他生气的时候喜欢弹吉他。

不过在我看来，老师不仅生气的时候喜欢弹吉他，高兴或悲伤的时候也喜欢弹吉他。

没错，我经常弹吉他。我生别人气的时候，只要一拿起吉他，气就全消了！仿佛别人给我造成的心理创伤得到了治愈似的。

艺术可以疗愈心灵，果然不假！

听了老师的话，我满怀好奇地问：“老师，艺术又不是药，真的能疗愈心灵吗？”

“是的，艺术虽然不是让人百病全消的灵丹妙药，但是它对治疗心理创伤却很有帮助。比如，有些人在经历重大事故后，可能会陷入恐惧情绪，或者变得麻木疏离。艺术对这类心理创伤是有疗愈作用的。”

音乐和美术
被广泛应用于
治疗心理创伤。

“除此之外，音乐还能减轻患者的疼痛感，比如缓解产妇分娩的疼痛。另有研究表明，观赏美丽的画作也可以减轻疼痛感。这项研究还获得了 2014 年的搞笑诺贝尔艺术奖。”

艺术的疗愈力量

疼痛是大脑传递给我们的感受，长久以来，医生们一直尝试**通过分散注意力减轻患者的痛感。**那么，艺术能起到相同的作用吗？为了找到答案，意大利科学家玛丽娜·德·托马索、米歇尔·萨达罗和保罗·利夫雷亚在受试者的头部连上电极，以透过脑电波观察其对疼痛的感知。

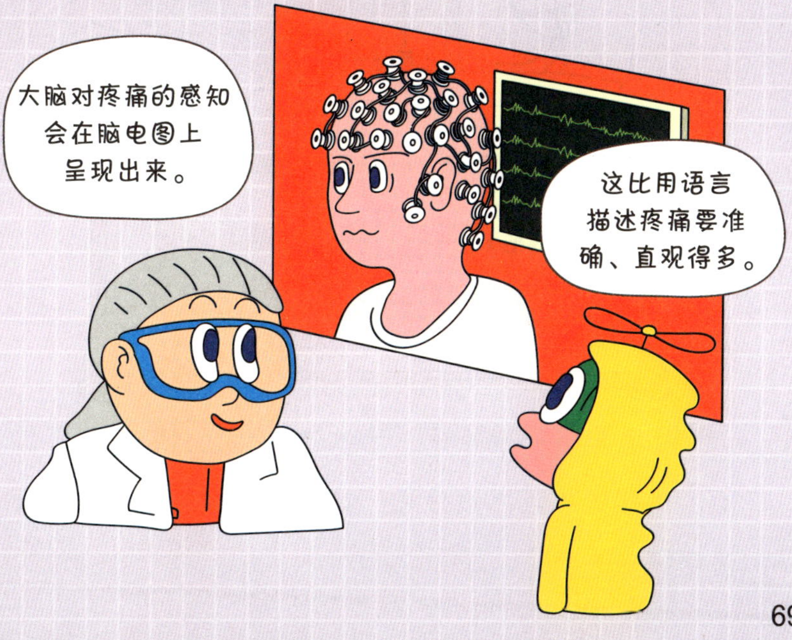

科研人员要求受试者盯着美丽的画、难看的画或白板看，同时向受试者的手指发射短激光脉冲，使其产生刺痛感。实验结束后，不论是受试者的评价还是脑电图，都显示美丽的画最能减轻痛感。

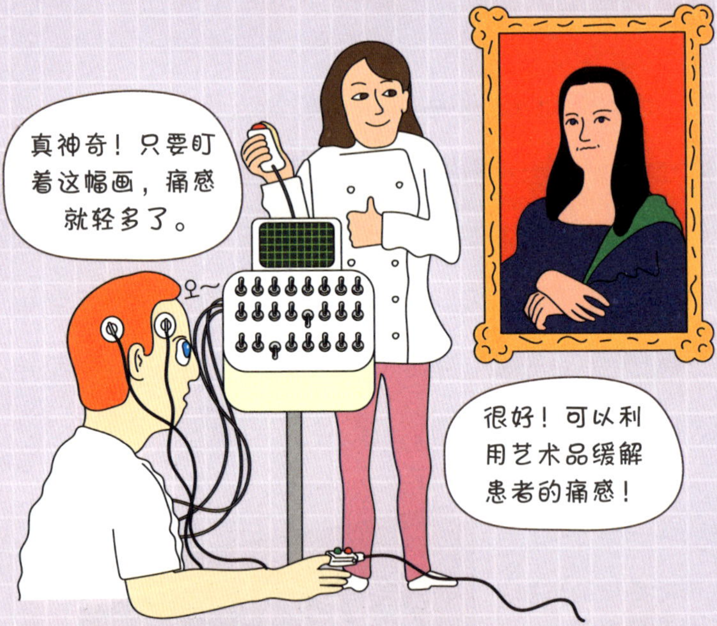

观赏有吸引力的美丽图画，能使受试者的痛感减轻。

尽管与镇痛剂相比，艺术对疼痛的缓解效果不显著，但如果将艺术治疗和药物治疗相结合，一定能产生更好的效果。

艺术常被用于治疗心理疾病。

过去，艺术一般被用于治疗抑郁症、注意缺陷多动障碍（ADHD）、痴呆症等疾病。但近年来，艺术治疗开始被用于那些因压力大而身心俱疲的普通人，艺术治疗的形式也越来越丰富。比如，音乐治疗从单纯地听音乐，逐步扩展到唱歌、演奏、作词、作曲等多样化的形式。2019 年，美国宾夕法尼亚大学的研究发现：手术前后听轻音乐，与镇静类药物的效果一样，能够安抚患者情绪。

舒缓的音乐可以减少皮质醇（压力荷尔蒙）的分泌，从而缓解疼痛，促进身体的术后恢复。更可贵的是，音乐完全没有副作用。

除了美术和音乐，还可以用戏剧进行心理疗愈。患者可以通过参与“心理剧”的表演，将自己所遇到的境况、问题，以及难以向别人表露的内心想法展现出来，从而解除痛苦。由于在日常生活中，能像这样宣泄的机会并不多，因此对于大部分人而言，戏剧治疗的效果十分显著。

因为用于缓解疼痛或治疗心理疾病的药物副作用较大，所以艺术治疗显得越来越重要。

10

防熊盔甲和钢铁侠装甲

听帕托老师给我讲了这么多搞笑诺贝尔奖的故事后，我突然想到一个问题：“老师，在搞笑诺贝尔奖的众多获奖者中，谁给您留下的印象最深呢？”

帕托老师毫不犹豫地回答道：“1998 年凭借‘马克 6 号’获得安全工程学奖的特洛伊·赫图比斯。”

据说，赫图比斯从小就非常喜欢灰熊，为了近距离观察它们，险些丧命。但这并没有减少赫图比斯对灰熊的喜爱，反而激发了他的研究热情。为了能近距离、安全地观察灰熊，他决定制作一件高科技安全防护服！于是，防熊盔甲“马克6号”诞生了。

这套盔甲主要由钛、橡胶、
塑料和链甲制成，所以这点冲击
对它来说，根本不算什么。

但它有一个致命缺陷。

那就是穿上后几乎
走不动路！
66.68 kg

“即使存在这样的问题，搞笑诺贝尔委员会依旧在1998年授予了赫图比斯安全工程学奖，以表彰其坚持不懈的研究精神。当然，我也很敬佩他这种精神。”

听到这里，我点了点头说：“如果有钢铁侠装甲就好了，这样科学家们就可以穿着装甲安全地进行研究了。”

听了我的话，帕托老师眼睛一亮。

钢铁侠装甲中的智慧

说到钢铁侠，我们最先想到的可能就是他的飞天技能、掌心发射出的冲击光束，以及胸口发射的单束光炮！当然，还有他的人工智能管家——贾维斯！

如果真的能制造出钢铁侠装甲，对科学家们肯定会有很大帮助！

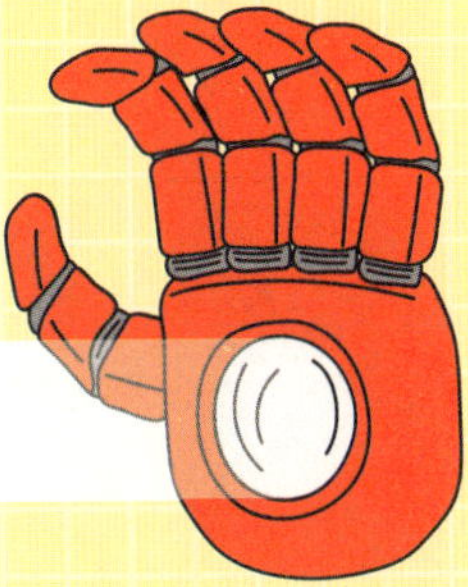

*“马克 3 号”是钢铁侠最常使用的装甲之一。

科学家们如果穿上了钢铁侠装甲，就能无所畏惧地去更多地方做研究了：既可以深入火山带研究火山，也可以直接进入受到核辐射的区域了解污染情况。

他们还可以上天入海，收集数据，进行环境研究；或者追踪候鸟和海洋动物，探索生物迁徙的奥秘。

钢铁侠装甲掌心发出的冲击光束有强大的力量，科学家们可以用它进行矿山爆破，以采集重要的资源。目前，具有同等冲击力的激光技术还处在研发阶段，一旦这种技术走进现实，必定会推动科学研究的迅速发展。

钢铁侠胸口发射的单束光炮由装甲内部的方舟反应堆供能。如果科学家们能制造出这样的反应堆，就不必再担心科研设备的户外用电问题了。

最后，让我们聊聊贾维斯。即便钢铁侠托尼·斯塔克没有下达指令，贾维斯也会主动收集、分析信息并做出决策。如果这种人工智能管家真实存在的话，对科学家们的帮助肯定也很大吧？

这些技术虽然目前只出现在电影里，但总有一天会成为现实。为了那一天的到来，科学家们还在孜孜不倦地探索着。

大家好奇的术语

括约肌（第 21 页）

分布在人和动物体内某些管腔壁的一种环形肌肉，收缩时能关闭管腔，放松时使管腔开放。括约肌常见于胃和食管下段连接处、尿道、肛门等部位。括约肌如果无法正常发挥作用，就可能引发胃里的食物逆流或者出现尿失禁的现象。

大脑皮层（第 37 页）

大脑皮层是覆盖在大脑半球表面的灰质层，聚集着大量的神经细胞，主要分为额叶、顶叶、颞叶、枕叶四个部分。其中，额叶与运动和语言能力有关，顶叶与触觉和空间定位有关，颞叶与听觉和记忆有关，枕叶与视觉有关。

算法（第 63 页）

“算法”一词源自阿拉伯数学家花拉子米的拉丁文译名，意思是“解决某种问题的特定计算步骤”。现如今，算法可用于特指电脑程序执行命令的顺序。搜索引擎上基于关键词的搜索功能和社交网络推荐“可能感兴趣的人”的功能都属于算法。

大家好奇的人物

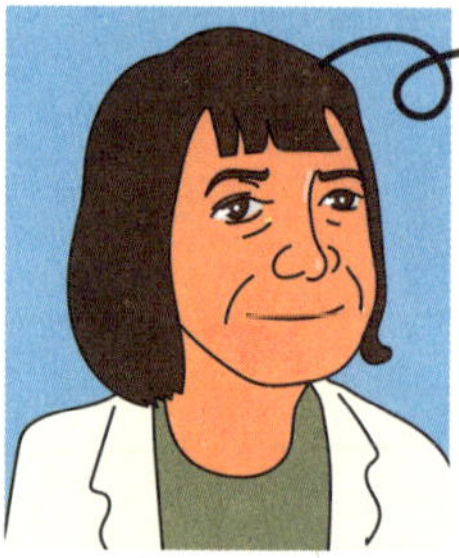

玛丽娜·德·托马索（第 69 页）

托马索是意大利巴里总医院的应用神经生理学和疼痛科主任，因发现患者在看到美丽的画作后疼痛会减轻这一现象，于 2014 年获得了搞笑诺贝尔奖。正因为艺术的疗愈力量，托马索指出：“建造医院时不仅要考虑其实用性，还要考虑建筑的美观程度。”这真是建筑美学与医学的奇妙邂逅啊！

特洛伊·赫图比斯（第 73 页）

赫图比斯是加拿大发明家。为了能近距离观察灰熊，他发明了防熊盔甲。之后，他又设计研制出保护前线士兵的“特洛伊”超级防弹盔甲，然而该项发明最终未能用到战场上。即便如此，赫图比斯也没有放弃研究。遗憾的是，他在 2018 年因车祸意外去世了。

托尼·斯塔克（第 80 页）

作为电影《钢铁侠》的主人公，斯塔克是一名科学家和企业家。当他发现自己公司的技术被恐怖分子用来制造战争武器的时候，他决心变身为钢铁侠，与威胁世界和平的邪恶势力作斗争。通过《钢铁侠》的故事，人们开始反思科学家和企业家所肩负的使命。